増補・
改訂版

全員を聞く子どもにする教室の作り方

多賀一郎 著

増補・改訂版によせて

入学式で一年生が目の前に並んでいます。先生の指示をよく聞いて、規律正しく行動します……などということが次第になくなってきています。

一年生の初めから、先生の言葉をまともに聞かない子どもたちが増えてきているように思われるのです。

先生がぴしっと厳しく注意したら、子どもたちがぴりっとして、姿勢正しく話を聞くことは、もう今の学校現場では難しくなってきています。圧をかけて子どもたちに聞くことを強制して学級をコントロールする時代ではなくなったということです。

それでも、話を聞くということは、学校教育の基本であり、将来的に子どもたちが生きていくための基礎基本でもあると思うのです。

『全員を聞く子どもにする教室の作り方』が世に出てから一〇年あまりがたちました。教育は大きく変わって来つつありますが、「人の話を聞く」という根本的な姿勢の必要性は高まるばかりです。

話を聞いてくれない子どもたちに対して、強制ではなく、楽しく自然に話を聞いてしまう、聞こうとする姿勢が育つことを、実践を通して示したこの本は、今の学校現場だからこそ必要なのだという思いを強くしています。

増補・改訂版ということで、特に整理したのは、第9章の『「聞く」だけで子どもが変わる絵本の読み聞かせ』のページです。

比較的新しい絵本を加えました。

読み聞かせは、教室で実践された先生方はみなさん実感を持たれていると思いますが、本当に力があります。子どもたちがどんな状況であろうとも、絵本を読み始めるとじいっと聞き入り始めます。各地でいろいろな子どもたちに絵本を読みますが、絵本の持つ力にいつも感心させられます。先生の語る声を子どもたちが聞き入っている状態は、聞くことの指導の大きな力となるのです。

増補・改訂版、自信を持ってお届けします。

多賀一郎

はじめに

僕が講演のときに、よく使うフレーズがあります。それは、

聞く子どもたちに育てられれば、授業は、何をしてもうまくいきます。

ということです。

どんなに練られた発問でも、考えて仕組まれた授業の流れでも、多くの子どもたちが聞いてくれなくて、

「静かにしなさい。」

と、先生が叱らなければならないようなクラスでは、授業は成立しません。

最近、「聞き合い」という言葉が教育現場でよく使われるようになりました。

「聞く」指導は、学級教育で大きなウエイトをしめる。
「聞くクラス」は、学習の成果も飛躍的に高まる。

といったことが、盛んに言われるようになってきたのです。

「聞く」がはっきりと学習指導要領に掲げられるようになったのは、二〇〇二年度からです。「話す・聞く」がセットになって、指導内容に位置づけられました。それから一〇年近く経って、二〇一一年度から、聞くことについては、さらに重要な位置づけになってきています。

それにもかかわらず、「聞く」ことに関して、学級づくりと関わったところでの理論的な実践や、指導の一助となる絶対的な本は、なかなか見あたらないのが現状です。「話す・聞く」の「話す」方ばかりが取り上げられてきたからです。

各地で講演したり、学校に指導に行ったりする中で、みなさんが苦労しているのが「聞く」ことだということを、何度も聞きました。学級崩壊を起こさないための道筋として、話し合いを重ね、「聞き合う」子どもたちを育てることに目標をおいて、学校全体で取り組んでいるところもあります。

それに対して、講演や講座では、なんらかの答えを示すことができてきたと自負しています。そのことを一冊の本にまとめてほしいという声も聞きました。

この本を読めば、なぜ学級づくりに「聞く」ことが重要になるのか、どうすれば「聞く」子どもたちを育てられるのか、ということが少し分かってくるでしょう。そして、「聞く」子どもたちに育てるには、教師の姿勢から授業の工夫まで、たくさん考えなければならないことがあることも、分かるでしょう。

日本中の教室で、子どもたちが聞き合いながら、学習をしている。そういう状態になれば、学級崩壊もなくなるにちがいない。

そんなことを考えながら、この本をまとめました。

多賀一郎

目次

第4章 「聞く子ども」に育てるための教師の話し方

第6章 「聞く」力をつける学習ゲーム

目　次

＊イラスト・伊東美貴

第1章

「聞く」ことの大切さと学級づくり

1　なぜ、「聞く」子どもにすれば、学級と授業がよくなるのか

学級というのは、特殊な空間です。

仲の良い友だちばかりが集まったところでは、ありません。同じ目的を持った同志の集団でもありません。

たまたまその教室に同年代の子どもたちが集められたにすぎないのです。

自然豊かな草原で自由に解き放たれた子どもたちならば、大人が手を出さなくてものびやかに育っていくかも知れません。しかし、望みもしないのに学級というワクに押し込められた子どもたちです。初めから不自然な状態におかれているのです。放っておけば、無秩序で好ましくないものになっていきかねません。しかも、最近の子どもたちの傾向として、コミュニケーション能力が低く、学

級の仲間と交流していくことも難しい。一年間同じ学級にいながら、一度も会話したことのない子どもたちが、日本中で現実に存在しています。話もしない者同士が、仲良く一つの目標に向かって協力するなど、とても考えられることではありません。

だからこそ、教師による「学級経営」ということが必要になってくるわけです。

教師は、学級をよくするためにさまざまな手立てを打ちます。その手立てによって、子どもたちの育ちが大きく変わっていきます。

子どもたち同士の関係をよくしていくための手立て、子どもたちが前向きに活動できるための手立て、そうじなどの学級活動の仕事をきちんとしていくための手立て、等々。

そして、その第一歩は、必ず教師の発する言葉から始まります。その言葉を聞いてもらえなければ、どんな手立ても空振りに終わってしまいます。

教師にとって、「子どもが教師の言葉を聞く」ということは、学級経営をスタートするための最低条件なのです。

また、子どもたちにかける言葉、注意、指導。どれをとっても、聞いてもらえなければどんな良いことを言っていても、ムダに終わってしまいます。

もともとは知らない者同士がたまたま集まった子どもたちなのですから、お互いの関係を一から作っていかなければなりません。そのためには、相手の話すことを、まずは聞かなければならないのです。ここでも、「友だちの言葉を聞く」ことが重要になります。自分の思ったことを一生懸命に語れば、仲間が一心に聞いてくれるというならば、子どもたちの心は、受け止められる心地よさであふれるでしょう。学級が、知らない者の集まりではなく、受け止め合う仲間の集団に変わっていくのです。

しかし、お互いの言葉を聞き合えない状態になったら、学級に信頼や秩序など、生まれるはずがありません。

このように、聞く子どもにするということは、学級がよくなっていくための必要最低条件だと言えるのです。

一方、授業も、全て教師の発問で始まります。最近はいろいろなミニネタの工夫や新しい子ども中心の授業形態が工夫されていますが、それらも、まずは教師の言葉から始まります。

教師の言葉を聞き取ることができるかどうかが、授業をスムースに進めていく最初のキーワードなのです。

教師は、授業研究をして授業に臨みます。ところが、一生懸命に仕組んだつもりでも、なかなか思った通りには進みません。その原因の多くは、発問の失敗です。子どもが聞いても何をしてよいのかわからないような発問を出すから失敗するのです。子どもが聞いてわかるような発問をしないと、授業はうまくいきません。そして、先生の発問に聞き入る子どもに育てていれば、一回の発問で、教師の意図するところや課題の内容が伝わっていくものなのです。

さらに、ストックをたくさん持っているベテランならともかく、若い先生方は、全ての教科で毎日全発問にわたって練られた発問ができるわけではありません。ときにはアバウトな発問をすることもあります。そんなときでも、子どもたちが教師の言うことをなんとか聞き取ろうというかまえができてさえいれば、授業は成立します。

このように、聞く子ども、聞き取れる子どもにすれば、それだけでよい授業への第一歩が踏み出せるということです。

授業と学級経営が密接に関連していることは、誰でもわかっていることです。聞き合いができて、お互いの言葉を受け止める学級に育っていれば、授業中の友だちの発言もきちんと受け止めることができます。受け止めることができれば、授業の内容も深まるだけではなく、学級のムードもよくなるでしょう。

だから、聞く子どもにすれば、学級も授業も飛躍的によくなると言うのです。

聞くということは、日常的に誰もがしている行為なので、一見、簡単なことに思えます。しかし、実際には「聞く」ということは、そんなに簡単なことではありません。

聞くことについて、一度、細かく整理して考えてみましょう。その上で、どうすれば聞く子どもに育つのか、これから細かく実践を元に語っていきたいと思います。

2 学級崩壊と「聞く」こととの深い関わり

(1) 学級崩壊は、なぜ起きるのか

学級崩壊はさまざまな要因が重なって起こります。幼児期に忍耐力をつけなかったことから、教師の指導力不足までいろいろな原因が語られています。

さらに、親の責任、社会の教育力の低下、子どもたちのモラルの低下、等々。教師の努力不足だけが原因ではありません。

根本的な原因を探ることは大事なことではありますが、教師は、目の前の子どもたちが崩壊していく原因というものを、まずは学校の中で考えなければなりません。そうしなければ、学校で努力できることが、見えてこないからです。

十年ほど前から、「一年生が変わってしまった」ということをよく耳にします。一年生ギャップというものが、大きな学校問題になってきています。一年生から学級崩壊したり、学級崩壊の芽を育んでしまったりしているのです。

一年生から崩れはじめる原因の一つが、聞かない・聞けないということなのです。

実際、一年生を受け持って、何が十年以上前と違うのかというと、先生の話が聞けないということに尽きると思います。僕が教師になった頃は、ある程度「先生だから」ということで何を言っても子どもも親も聞いてくれました。学校の諸注意、友だちとの暮らし方など。語るだけで多くの子どもが聞いてくれました。

一年生では、特別な指導をしなくても、ちょっと先生が気合いを入れれば、先生の話を聞くということができていたのです。

それが、今は簡単にはいかなくなってきているのです。「先生だから」と言って、子どもたちは、教師の話を聞いてくれなくなっているのです。聞かなければ、学級や学校のルールも守れません。さらに、低学年でなんとか収まっていても、高学年になってくると、崩れていく学年もあります。

高学年で学級が崩れる原因の一つは、思春期に入って不安定になった子どもたちが、教師の言葉を受け入れようとしなくなることです。

クラスとして見ても、自分たちの親しい仲間うちの言葉は受け入れても、その他の子どもたちの思いは受け入れないというような状態になります。こうなると、子どもたち同士のつながりは薄くなり、クラスとしての力も弱まっていき、崩壊へ進んでいくことになります。

教師の言葉やクラスの仲間の言葉を聞き入れられないから、学級は崩壊していくのではないでしょうか。

(2) 学級崩壊しないクラスとは

五年生に学級崩壊を起こしたクラスが、六年生になって先生が替わったとたんに収まったという話もときどき聞きます。この場合は、子どもたちが先生の言葉を聞き入れることができたのでしょう。おそらく、こういう先生は、クラスの仲間同士の聞き合いも、きっと育てることができているのだと思います。

授業中、友だちの発言をじいっと聞いているクラスを想像してください。聞いてもらえている子どもの心は、どうでしょうか。自分の言葉を受け止めてもらっているという安心感と喜びを感じているにちがいありません。

そんなクラスが崩壊することは、あるのでしょうか。


「聞く」子どもに育て、「聞き合う」クラスに育てれば、学級崩壊は起こりません。

人の話を聞くということは、人の心を受け止めるということでもあります。聞くことのちゃんとできる子どもたちに育てることができたら、思いを受け止め合うことができるから、学級崩壊なんて、絶対に起こるはずがありません。

第2章

「聞く」指導で押さえておきたい七つのこと

まずは、教室において「聞く」ことのどういう点を考えていかなければならないか、その問題点について、まとめましょう。

1 教室で大切にしたい三つの「きく」――「聞く」「訊く」「聴く」

「きく」という言葉にはいろいろな漢字があてはまりますが、教室で考えておくべきなのは、次の三種類です。

「聞く」
「訊く」
「聴く」

一つ目の「聞く」は、一般的な聞くことです。この言葉には「聞き入る」とか「聞き逃す」などの複合語が百以上もあります。そのうちのどこをどう指導していくかについては第5章で詳しく述べていきます。

よく教師が多用してしまうのが、二つ目の「訊く」です。

子どもに、

「なんでそんなことしたのか。」

とか、

「だれとだれがやったんだ。」

とか、刑事が被疑者に訊問するといったときの「訊く」なのです。これは、多くの場合、子どもとの関係を損ねる聞き方になります。

教室で一番大切にすべきなのは三つ目の「聴く」です。

耳プラス目と心で「聴く」。罒は横目です。

この字は、耳だけでなく、目と心をプラスして聞くという字なのです。（言葉遊びと思うなかれ。国語教師は、どういう文字を使うのかというセンスをいつも試されているものです。）

耳だけでなく、目と心を傾けて聞くことが、もっとも一生懸命に相手の言葉を受け止めようとすることだと思うのです。

このように一口に「きく」と言っても、一つではないということです。なのに、それをちゃんと使い分けていない先生が、とても多いように思います。だから、いろいろなバリエーションを持った「きく」指導が生まれてこないのでしょう。

2　活字重視・文章読解重視の風潮の中、「聞く」ことはおざなりにされてきた

これまで、活字重視・文章読解中心の国語学習が長年行われてきました。

例えば入試を考えてみてください。「読む」重視のテストがずっと行われています。いまだに、中学や高校の入試で「聞き取りテスト」なんて、ほとんど聞いたことがないでしょう。結局は、国語のテストというと、読解のテストのことをさすのです。だから、「聞くこと」は、おざなりにされてきたわけです。

これが、人の話をきちんと聞けなくても、国語の点数だけはとれる子どもたちを作り出してきたと言ったら、言い過ぎでしょうか。

3 「聞く」ことの指導は、「躾《しつけ》」ではない

多くの教室で、これまで、

「姿勢を正しくして聞きなさい。」

「集中して聞きなさい。」

という指導を行うことが多かったようです。

話を聞くことが、躾の一環だと考えている教師や保護者は、けっこうたくさんいます。

でも、「聞く」指導は、躾ではありません。聞くというのは、心の動き、意志がとても大切な活動なのです。

ある音楽家と、大ヒット曲を持つアイドルが対談したときのことです。

「先生、私の歌を聞かれたことがありますか。」

という問いに、その音楽家は、

「いいえ。聞いたことはありません。」

と答えました。するとそのアイドルは、自らのヒット曲を口ずさんで

「こんな曲ですが、聞かれたことはありませんか。」

と、たずねました。作曲家はそれに対して、

「ああ、それだったらよく聞こえてくる曲ですが、聞いたことはありません。」

と、答えたそうです。

このエピソードが物語るように、「聞こえていても、聞いてはいない」ことこそが、聞くことの本質なのです。

「聞く」ということは「聞こう」とする気持ちに大きく関係しています。

このことについては、第3章でもっと詳しく述べます。

4　親切ていねいな説明は、聞く力を低下させる

親切ていねいな説明、繰り返しの説明、わかるまで言ってあげるというようなことが、日々行われている教室では、子どもたちは受け身に回ってしまい、自ら聞き取ろうとする学級には育っていきません。

プリントに書いてあることなのに、それを全文子どもの前で読む教師がいます。念を押しているつもりなのでしょうが、そのことによって子どもたちが、一生懸命に聞くようになると考えているのでしょうか。

「書いてないことだけ、言うよ。」

と言うだけで、子どもの聞こうとする集中力は高まります。

同じ内容を何度も繰り返して、口が酸っぱくなるほど説明してもらったら、二回目、三回目の説明を真剣に聞くことはできません。

要点をかいつまんで話す方が、子どもは集中して聞きます。

親切ていねいな説明を聞いている子どもたちは、「一回で聞き取らなくてはいけない」とは思わずに、「適当に聞き流す」という習慣が身に付いてしまうのです。

5 個々の子どもの「聞く力」は同じではない

評価については、第11章に詳しくまとめますが、ともかく「聞く」は、とても評価しにくいジャンルです。

子どもが黙って教師の方を向いていたら聞いているかというと、そうとは限りません。黙っているけど聞いていない子どももいるし、おしゃべりしながら聞いている子どももいるでしょう。

小さい頃の僕が後者の子どもでした。よそ見したり、おしゃべりしたりしているくせに、先生に当てられたら、すらすらと答えてしまうのです。教師にとって、イヤなやつだったろうと思います。

また、お行儀がいいから、よく話を聞いているとは、限らないのです。黙って別のことを心の中で考えている子どもが、きちんと顔だけは先生の方を見ているなどということは、よくあることです。

さらに、小学校に入ってきた時点で、おうちでの「聞く」経験の差がとても大きいものです。家族でたくさん会話をするおうちの子どもと、ほとんど家族と一緒に話す機会のない生活をしている子どもが、同じように教室に座っているのです。

子どもの話をしっかりと聞いてくださるお母さんと、子どもの話をほとんどまともに聞かないお母さんとでは、聞く体験の質は、雲泥の差と言ってもよいでしょう。


一年生の初めの第一歩から、子どもたちの「聞く力」には、大きな差があります。

だからこそ、個々の聞く力のレベルをよく考えて、それに応じた指導をしていかなければなりません。

6　小学校での「聞く」ことの指導の系統性がはっきりしていない

「聞く」ことには系統性がないように思えるため、各学年でこれだけは押さえておかなければならないということが曖昧です。この学年では、この「聞く」を指導するといった、指導の段階がはっきりしていません。したがって、指導するときに目の前の子どもたちが、どの「聞く」レベルに達しているか判断できず、どの学年でも同じような目標が立てられてしまうということになります。

実際、

「三年生の聞くことのポイントは何ですか。」

と聞かれて、すらすらと答えられる教師は、そんなにいないでしょうね。

それでは、「聞く力」を積み重ねていくことができません。

第11章の「聞く力の評価」のところで、低中高のそれぞれの学年での評価について、示していますので参考にしてください。

7　「聞く」ことの努力は、目には見えにくい

聞くことについて努力していることは、なかなか目に見えにくいものです。日常の授業の中で、

「あの子は、なかなか聞くことをがんばっているなあ。」

などとは、あまり思わないものです。

ほとんどの場合、教師の主観だけで

「あの子はよく話を聞いている。」

「この子はあまり話を聞いていないなあ。」

などと大まかに判断しているだけなのです。

「僕はお母さんによく言われるので、今学期は先生の話をしっかりと聞きたいと思います」という目標は聞いたことがあっても、実際に努力している子どもの姿をとらえたことがあるでしょうか。

「彼は、もう少しで『聞く』ことのできる段階に達するだろう」などということは、まず思ったこともないでしょう。

そのわかりにくい見えにくいものを、どうすればはっきり見えるものにできるのでしょうか。

それには、「可視化」が一つのキーワードになります。

聞いた後ですぐに動作化させるなどの活動を入れ、聞いていることを目に見えるようにすることです。

そこに一つの大きなポイントがあるのです。こうすると、聞いていたかどうかがわかりやすいです。これについては、第6章の5「聞き取りミニゲームで、聞いたことを可視化する」の実践のところで詳しく述べます。

もう一つのポイントは、自分の意識改革です。聞いていない自分を認識することです。先ほどから述べているように、聞くことは心の問題なのですから、自分が聞いているかいないのか、ということを子ども自身に意識させることが大切になってくるのです。

第3章

どうすれば「聞く」子どもたちを育てられるか

1 「聞こう」という意志を持たせる——カクテルパーティー効果

カクテルパーティーで大勢がわいわいと話していると、だれが何を言っているか、全部を聞き取ることはできません。

ところが、その中で誰かが自分の悪口や噂を話していたら、ふと耳が止まります。

「多賀先生は○○だそうですよ。」

などという声は、どんなに周りが騒がしくても、ぽんと耳に入ってくるものです。

人の耳には全ての音が入ってきています。人はそれらを聞き分けて、自分にとって意味のあるものだけをピックアップして脳に納めようとするのです。

僕はよく授業で、子どもたちにこのことを意識させます。

ふつうに話をしているときに、突然、

「運動場の方に耳を集中させてごらん。」

と言います。子どもたちは「なんだろう」と思って、運動場の音に注意を傾けます。すると、運動場で体育をしている子どもたちの声がよく聞こえてきます。僕は続けて言います。

「運動場の子どもの声は、今、初めて起こったものでしょうか。違いますね。もっと前からずっと聞こえていました。君たちが運動場に耳を傾けたから、運動場の音を聞こうとしたから、運動場の声が聞こえてきたのですね。

今度は、廊下から聞こえてくる音に耳を傾けてごらん。」

子どもたちは廊下に意識を集中させます。そうすると、隣のクラスの先生の大声が聞こえてきたり、遠くの音楽室の笛の音が聞こえてきます。

「今度は、笛の音やT先生の声が聞こえたでしょう。でも、先生が言うまでは気づかなかったでしょう。笛の音なんて、その前からずっと聞こえているんですよ。

このように、人間の耳にはいっぱい音が聞こえています。その中で、『聞こう』と思ったことだけを、心がぐっとつかんで聞くのです。つまり、聞きたいという気持ちを持ったら、よく聞こえるものなのですよ。

先生が言う前から運動場の声がよく聞こえていたという人は、先生の話よりも運動場の方に気持ちが向いていたという人ですね。笛の音が聞こえていた人は、先生の話よりも、音楽のことが気になっていた人でしょうね。」

こういう話をときどきして、

聞こうという気持ちがないと、聞こえていても聞くことができない。

そういうものなのだということを意識させていきます。

2 「聞く」ことは大切だと意識づける

なぜ聞かないといけないか、ということを子ども自身がわかっていないと、聞こうとする意識は生まれません。

「聞くは一時の恥。聞かぬは一生の恥」と言われます。聞かなければわからないままになって、どこかで大きな恥をかくものです。子どもたちにそういう話をして、考えさせる必要があります。

また、聞くことは、自分の知識や考え方のバリエーショ

ンを増やすことです。つまらない話でも、まずは聞いてみようというところからスタートすると、人生にとってプラスになります。

ところが、子どもたちは、いや、大人でもそうなのですが、

「ああ、この人の話はおもしろくない。」

と思ったら、初めから話を聞きません。（教師は、もちろん子どもたちに聞いてもらえるような話し方を工夫しなくてはなりませんが、その話し方については第4章で述べます。）

子どもたちに、「人の話は、少なくとも最初のうちだけは聞いてみるように」と、言います。

高学年には、こう言います。

「誰かが話し始めたとき、例えば、先生や友だちが話し始めたとき、まずは聞いてみようよ。本当につまらない話かどうか、聞いてみないとわからない。人の話の中から自分が活かしていける言葉やフレーズが見つかるかも知れない。初めからそういうチャンスを放り出さずに、まずは聞いてみるべきじゃないか。」

こういう言葉で全ての子どもたちが「まずは聞いてみよう」と思うことは、ありません。数人の子どもたちだけにひびく言葉かも知れません。

しかし、前述のように「聞く」ことに関しては個人差がとても激しいのですから、数人にひびく

手立てをたくさん、四六時中持つということが必要なのです。

それから、聞くことは、相手（話し手）に対して、能動的にいろいろと関わることのできることです。

ともかく、相手の気持ちがわかりやすくなります。聞かないというのは、ある意味、相手の気持ちを受け取ることを拒絶することでもあります。そのことも、子どもたちに教えるべきです。

僕はよく、友だちの言葉をちゃんと聞かない子どもに対して、

「○○さんに失礼だ。」

と、注意しています。

3　教師が守るべき「聞く」ルール

学級にはルールがあります。「聞く」ことについても、ルールが必要です。多くの場合、そのルールは教師が作るものです。高学年になれば、自分たちでそういうルールを作らせることもできるかも知れませんが、低中学年の学級の基本ルールは、教師が示すべきです。

(1)　聞かないときには、厳しく対処する

子どもが教師の話を聞かないとき、教師は腹が立ちます。いらいらします。どなったり、叱った

りすることになります。

ところが、子ども同士の発言をちゃんと聞かないときは、教師の話を聞かないときよりも、子どもへの叱責がゆるくなります。

それでは、いけません。クラスの仲間の言葉をちゃんと聞かないときにこそ、厳しく対処しなくてはならないのです。

僕は、授業中に友だちの話を聞かない子どもには厳しいです。

「君たちは、今、○○君の発言を聞かずに、隣同士で話していたけれど、そんなに大事な話って、何を言っていたのか、言いなさい。」

等と、言います。ただし、こういう、子どもが反発しやすい注意を高学年の女子にするときは、要注意です。

それから、教師の話を聞かずにいて、後で隣の友だちに
「今、先生は何を言ったの。」

と、たずねる子どもがいます。僕はそういうときには、教えてあげた子どもの方を叱ります。

「君は今、○○君を助けてあげたと思っているだろう。それは、大まちがい。君のしたことは、○○君が先生の話を聞かなくてもかまわない人にしてしまうことです。君のせいで○○君は先生の話を聞かないくせがつくのです。親切ではなくて、意地悪になると思いませんか。」

等と言って、次から教えてあげることができないようにするときがあります。

⑵ 聞かないときには、話さない

「子どもが話を聞かない状態のときは、先生が黙って立っていれば静かになります。」

というようなことを聞いたり、どこかの本で読んだりしたことは、ありませんか。

でも、実際には、そんなに簡単なことではありません。先生が黙って立っていても、いつまでもぺちゃくちゃとおしゃべりしているクラスは、山ほどあるのです。

不思議なことに、ベテランの先生が黙って立っていると、静かになる場合が多いのです。僕も、若いときはなかなか子どもたちが静かになってくれなくて、最後は、

「静かにしなさい。」

と、どなっていました。

今は、僕が前に立ってしばらく黙っていると、全校生でもほとんど静かになります。生活指導の怖い先生だと思われているからでしょうか。

違うと思います。僕の断固たる決意みたいなものが、子どもたちに伝わっているからだと思います。

最近は、それでも静かにしない子どもたちがときどきいます。

どうしても静かにしない子どもたちに対しては、彼らを指さして、待ちます。

周りがしんとするので、その子たちもしまいには気がつきます。そこで改めて、
「何か、どうしても今話さないといけないことがあるのですか。」
と、静かに言います。どならなくても、静かに厳しいのです。

4　あえて逆のことをさせ、一対多の場合の聞き取り方を教える

学校での「聞く」指導は、ほとんどが、一対多（一は話し手、多は聞き手で、クラスの子どもたち）の場合です。まずは、先生の話をしっかりと聞くことができるかどうか。そこが出発点です。

一対多で聞くとき、教室に座って聞いている子どもたちの多くは、聞いても聞かなくても困らない状態にいます。三十人いたら、自分は三十分の一にも感じていません。聞く必要性もなければ、聞く責任もないのです。いわゆる「お客さん」という状態です。

そういう子どもたちに、「聞かなければならない」存在なのだという意識を持たせなければなりません。

低学年がとても大事です。話し相手に顔を向けるということ、話が終わるまでは黙って聞くこと、背筋を伸ばして聞くことが大切です。

ただし、先ほども述べたように、聞くことは躾ではありません。

前に立たせ、子どもに何か話をさせます。他の子どもたちにはわざと顔をそむけて聞かせます。
また、おしゃべりさせながら聞き取りをさせたり、背筋を曲げて聞かせたりします。

逆のことをさせると、顔を話し手に向けること、黙って聞くこと、背筋を伸ばすことの大切さが、かえってわかるものです。

中学年以上では、うなずいたり、首をかしげたりと、反応しながら聞くことを教えます。

5　一対一の場合の聞き取り方を教える

コミュニケーションスキルという言葉が、いろいろなところで使われています。コミュニケーションで一番大切なのは、聞くということです。聞かないコミュニケーションなんて元々あり得ませんが、一対一で話すとき、どうしても自分の言いたいという気持ちが勝ってしまって、相手の話をきちんと聞くことがおろそかになってしまいます。

さらに、これまで「聞く話す指導」だとか「コミュニケーションスキル」とか言われて行われてきた学習が、話すこと中心の指導になっていました。教師も子どもも、話す方に目が向きがちだったのです。

話すことよりも、聞くことに中心を置いたコミュニケーションのあり方を指導するべきです。相手が「受け止めてもらっている」という思いをするように聞き方を教えていくのです。具体的には、第7章の「グループエンカウンター」のところでまとめています。

6 聞くときには、アルバイトさせない

手作業しながら聞くことは、低学年のときに、特に一、二年生で徹底的になくしておかねばならないことです。

僕のクラスでは、手作業しながら聞く子を「アルバイト」と言います。

子どもたちは、自由にしておくと、いろんなアルバイトをしながら、話を聞いてしまいます。これは、低学年で厳しく注意して、なくしていかねばならないことです。もっとも、叱ってばかりでは、とうてい聞く子どもたちは育てられませんが。

初期の段階で指導することは、「机の上を空っぽにして聞く」ということです。

一年生では、何かを話し始めたり、読み聞かせしたりするときに、必ず机上を何もなしにしてください。僕のクラスでは、

「聞く勉強です。」

と言うと、子どもたちはさっと机の上の物をしまって、何もなしの状態にします。

高学年に向かうに連れて、いちいち机の上を片づけることは、時間的にも子どもの意識的にも、難しくなってきます。

そこで、目の前にある筆箱や鉛筆や定規等をさわらずに話を聞くことを目標にします。

低学年でアルバイトをしないで聞く習慣を身に付けた子どもたちが上級学年に上がったとき、この移行がスムースにいくのだと考えています。

第4章

「聞く子ども」に育てるための教師の話し方

これまでにも少しずつ述べているように、教師の話し方によって、子どもたちの聞き方が大きく変わります。

今は、昔のように、おうちの方が

「先生の話は、なんでもちゃんと聞きなさい。」

とは、家庭で言ってくれない時代になりました。どんな話し方をしても子どもがなんとか聞いてくれるなどということは、もう夢物語のような話で、聞かないところからスタートして、どうやって聞かせていくかということを考えなければならないのです。

教師の話し方しだいで、子どもの「聞く」は大きく変わります。

子どもたちがよく聞くクラスの担任の先生は、まちがいなく話し方の基本が身に付いている先生です。

教師の話し方の基本的な考え方をまとめてみました。

1　教師自身が言語環境である

小学校の教師は、常に子どもと共に生活しています。

朝の会、いろいろな授業、終わりの会、昼食指導。それだけではありません。休み時間も全て子どもたちと話す機会です。担任の先生の話し方にずっと子どもたちは接しているのですから、影響が大きいのは当たり前です。

「言語環境」という言葉がありますが、教師こそが最も子どもに影響を与えている言葉の環境そのものなのです。

その意識が教師にあるでしょうか。自分が言語環境である。自分の話し方が子どもたちの聞き方を左右する。そういう責任感を持って、子どもに話さなければなりません。

2　子どもにオウム返しをしてはいけない

オウム返しをしてはいけないと、新任研や研究会などではよく言われます。なぜいけないのでしょうか。

それは、子ども同士で聞き合うことがなくなるからです。

僕もときどき、オウム返しをしてしまうことがあります。わかっているのに、してしまうのです。

子どもが小さな声で発言する。言い直させると時間がかかる。元々声の小さい子どもだし、もう教師が言い直してあげた方がいいかな。そんなふうに、時間を急ぐときもあれば、子どもへの親切心が出てくるときもあります。

そんなとき、結局、オウム返しをしてしまうことになります。

でも、オウム返しは、悪い結果を生むのです。

「友だちの話を聞かなくても、先生が言い直してくれるだろう」という意識を子どもたちに持たせてしまうのです。

先生は決して言い直してくれないと思えば、子どもたちは友だちの発言を、気を付けて聞かなければいけなくなるのです。

重ねて言いますが、オウム返しは聞き合わない子どもたちを育ててしまうからいけないのです。

オウム返しをしないようにするとき、教師にはがまんがいります。じっと待たねばなりません。

そのしんぼうがなかなかできないのですが、そこが教師のがんばりどころですね。

子どもたちに、次のように宣言してしまいましょう。

「先生は、友だちの発言を、言い直さないよ。自分たちでしっかり聞きなさいよ。」

そうすれば、教師がオウム返しをしたら子どもたちから注意されることになりますから、しないようにがんばるでしょう。

3　子どもに話す場合、緩急、強弱をつける

いつも同じ調子で話す先生がいます。いつも小さな声。いつも大きな声。どちらも、子どもたちにとって聞きやすい話し方ではありません。

だらだらと一本調子で話されると、退屈です。眠たくなります。

教師は基本的には大きな声で、はっきりとした声で話さなければなりませんが、大声であればよいというものではありません。小さい声もあってこそ、大きな声が生きてくるのです。

では、どうすれば緩急、強弱をつけた話し方ができるのでしょうか。

僕は、落語や漫才などのお笑いから学びました。落語家の話には、分かっている内容を笑わせてしまう「間」があります。漫才やコントには、ボケやつっこみがあります。話し方を学ぶには、うってつけの教材なのです。

お笑いから、話し方を学びましょう。

お笑いは、見聞きしているだけで学ぶことも多いのですが、まねして子どもたちにやってみることもします。おもしろいはずの話でも、話し方や「間」がまずかったら、全くうけませんでした。何度かやっていると、笑わせるこつがなんとなくわかってきます。

僕は、若い頃、子どもたちによく、

「先生、暗いよ。」

と言われました。冗談は苦手でした。話し方は、いつもぼそぼそとしていて、聞き取りにくい語りでした。

「この小さな声でも静かに聞くクラスをつくる。」

と、がんばりました。今から思えば子どもにとって迷惑な話ですね。

真面目な授業というものを追求していました。それが、落語やコントを応用して「勉強」していく中で、変わっていきました。今では、子どもたちや保護者の方、先生方に話すとき、笑いの取り方もわかってきました。

笑いをとれるということは、話し方に抑揚や強弱や間がついたということでもあるのです。

4　話しているときは、子どもを油断させない

楽しい教室であっても、だらけた楽しさではいけません。授業には緊張感が必要です。

しかし、先生が怖くて油断できないというのは、違う意味での緊張感であって、望ましい教室の姿だとは言えません。教室は、独裁国家ではありません。

緊張感を醸し出すのは、教師の話し方であるべきです。話し方で、楽しい緊張感というものを作り出すべきです。

例えば、僕はときどき子どもたちに音読させるとき、

「男の子だけ読みましょう。」

「次は、女の子だけ読みましょう。」

というふうに指示します。

さらに、

「やる気のある子どもだけ、読みましょう。」

などと言います。低学年は、こういう言い方だけで、先生の話に注意しようという雰囲気になるものです。

油断していたら、「やる気のない子ども」に見られてしまうのじゃないか、なんて、子どもは思

うものなのです。

しかも、僕には、言い直さないということが徹底されているのです。

何か指示を出すときに、いつもちょっとした言葉を添えるだけで、教師が話し始めたらぱっと注意を傾ける子どもが増えてきます。

5　教師が話すことに、いつも何かを期待させる

子どもたちが一番聞かなくなるのは、「どうせ……」と思うときです。

「この先生は、どうせだらだらと長話をする。」

「どうせつまらない話に決まっている。」

「またもや、お説教だろう。」

こういう思いにさせたら、聞くことに関しては教師の負けです。
・話し始めると、諸注意ばっかり。
・口を開けば叱責や小言に説教。
・授業はいつも「教科書を開きなさい」でスタート。
こんな先生のクラスでは、子どもたちは、おもしろくありません。一心に聞こうとする姿勢は生まれません。

「この先生は、何か楽しいことを言うね。」

「僕らの先生は、突然おもしろいことを言い出すことがあるよ。」

そんな気持ちで子どもたちが教室に座っていたら、先生の話に集中するにちがいありません。


教科書で同じような算数の問題を順番にしていくときなどには、どうしても子どもたちの集中力は弱まっていきます。先生の話にも耳が向きません。子どもたちは恐ろしく飽きやすいものです。

そんなとき、僕は、突然跳び上がって
「次の問題は、ジャンピング・クイズ！」

と、どなります。

子どもたちはびっくりして、笑いながら問題に取り組みます。そして、

「先生、同じ問題だよ。どこがジャンピング・クイズなの？」

と、言い出します。

すると僕は、

「先生はさっきジャンプしたでしょ。だから、ジャンピング・クイズ。」

と言うのです。

「なあんだ。」

子どもたちは大笑いです。

でも、これで気分が変わり、リフレッシュされて次の問題に取り組めるのです。

「この先生は何を言い出すかわからない。」

という期待を持たれるようになると、話し始めたときに、さっと聞いてくれるようになるのです。

6　子どもへの注意は一つに絞る

遠足に出発する前に、子どもたちの前に立って、いくつ遠足の注意をしていますか。
・列を乱さずに歩くこと。
・前の人との間を空けないこと。
・大声で話しながら歩かないこと。
・電車やプラットホームでは、静かにすること。
・ゴミは全て持ち帰ること。

このほかにも山ほど注意をして満足している教師がいます。でも、そんなに多くの注意を頭に入れて行動できるものでしょうか。

一つでいいじゃないですか、注意は。どのみち、さっきあげたようなことは、ケースバイケースで逐一指導しなければいけないのですから。

運動会の練習を学年合同で行うとき、先生たちが全員前に立って、一人ずつ気づいたことを子どもたちに伝えていくというようなことは、していませんか。合同であっても、注意する先生は一人でいいでしょう。何人もが話をしたとき、その全部をちゃんと聞けるはずがありません。

教師は、子どもたちの前で話すと、それが伝わったと錯覚しやすいのですが、子どもの心理をよく考えてみると、何人かが順番にいくつかの話をしたら、どれもいいかげんに聞いてしまうものです。

子どもの前に立つ教師は一人でよいのです。

そして、子どもの前で話すことは、一つでよいのです。それを徹底させることが重要なのだと思います。

7　今時の子どもに合った話し方をする

以前にも著書に書いたことがありますが、今時の子どもたちにぴったり合った話し方を考えるべきです。

まず、話す速さです。「ゆっくり話しなさい。早口はだめです」と、若い頃、教えられました。長い間、ゆっくりした語りを心がけてきました。

しかし、最近の子どもたちと接していると、どうも、あまりゆっくり話すと、かえってついてこられなくなるときがあるような気がするのです。

現代のＣＭを考えてみてください。

ひじょうに短時間でストーリー展開があって、オチまでついています。これを一分間以内の短い時間で聞き取って、意味をつかみとらなければなりません。

ＴｉｋＴｏｋ等のＳＮＳでは、短い時間内でテンポよく笑いをとっています。

今の子どもたちは、ゆっくりじっくり聞く文化では、育っていないのです。

そのことが良いか悪いかは、ここでは考えません。今時の子どもたちの実態として、速いテンポの文化に囲まれていると、考えましょう。

だとすれば、教師の話し方も、あまりゆっくりていねいにしすぎると、今の子どもたちは退屈して聞いてくれなくなるのではありませんか。

少し速いテンポの語りをベースにして、時にはゆっくりしたテンポも入れて緩急をつける、というのが、今時オススメの話し方です。

8　子どもへ話すときは、適度な量と時間を考える

子どもたちにとって、適度な量と時間の話って、なんでしょう。

まずは、学年のレベルを考えなければなりません。極端な言い方ですが、三歳の子どもと十八歳の高校生の聞き続けられる時間が一緒のはずはないでしょう。年齢によって集中できる時間が違うのは、当たり前のことです。

一年生の適度な時間は、長くて十五分までだと思います。

六年生でも、三十分くらいが限界だと思います。

もちろんこれは、ふつうの話を聞く場合で、特別子どもたちに関わった深刻なことだとか、ものすごくおもしろい話を上手な先生がする場合は別です。

また、子どもたちのコンディションによって、聞き続ける持続力は変わります。

暑くてぐったりしているときや、寒くてかじかんでいるときには、どんなにおもしろい話であっても、長くは聞いていられません。大人でもそうですが、子どもたちは、気温の状況には敏感に反応します。がまんして聞いてくれることはありません。

子どもたちの表情や態度、つまり子どもの空気を読み取りながら、話の長さを調節していくべきなのです。

教師はＫＹ（空気読めない）では、やっていけません。

第５章

いろいろな学習活動を、「聞く」視点から見直す

1　いろいろな「聞く」には、それぞれに違う活動がある

まずは、「聞く」を十把一絡げにしないということです。「聞く」にも、いろいろあります。聞くという言葉は複合語の多い言葉です。

「聞き入る」「聞き浸る」「聞き取る」などの肯定的な言葉もあれば、「聞き逃す」「聞き落とす」「聞き違う」という否定的な言葉もあります。

一時間一時間の授業での一つ一つの活動が、聞くことの何の力をつけようとするのか。「聞き取る」なのか、「聞き入る」なのか、「聞き比べる」なのか。そういうことを考えながら、授業を仕組んでいるでしょうか。

そういうことを考えた学習のあり方を、いくつか示しましょう。

2　友だちや先生の言葉に「聞き浸る」ためにどうするか

国語の教材文の授業のとき、初読の範読をしますか。僕は一年生をのぞいてほとんど範読をしません。読み方のヒントを初めから教えてしまうことになるからです。

でも、子どもたちに「聞き浸る」ということを体感させたいときには、範読をします。そのときには、子どもたちに教科書の文章は見せません。教科書を閉じて、机の上には何もない状態で、目は閉じてもよいとします。何もしないで、ただ聞き浸ることの練習なのです。

例えばメモを取りながら聞いたり、文章や挿絵を見ながら聞いたりするのは、何かをしながら聴くことであって、聞き浸っている状態ではありません。メモを取るのは、別の聞き方のところで指導します。

3　「聞き入る」と「聞き比べる」の違いをはっきりさせる

友だちの話に「聞き入る」という状態も授業で作りたいものです。

指名読みをするときに、短く区切って何人かに読ませる形をとるときがあるでしょう。それは、聞くことに関しては、どういうめあてになるのでしょうか。

聞いている子どもたちは、何人かの子どもの読みを聞き比べることになります。比べると、どうしてもどっちが上手かという聞き方になってしまいます。「聞き比べて正しい読み方を探らせる」などと、めあてをしっかり持ってさせるのならば、それでもよいでしょう。でも、それは話し手（読み手）を尊重するという聞き方にならないということを認識しておかねばなりません。

人と比べないで聞く癖をつけることも、大切なことです。友だちの読みに聞き入る子どもたちを育てるためには、指名読みは一人だけとするのです。

比べることがいけないと言っているのでは、ありません。比べることは、聞き入ることにはならず、聞き比べることになるということをわかった上で、授業を考えましょうということなのです。

4　どうすれば聞いていなければならないという緊張感が作れるのか

教師の話し方のところで、聞く緊張感について述べました。もう少し具体的な授業の場面で考えていきましょう。

挙手指名ばかりしていると、手を挙げようとしない子どもは、緊張しません。手を挙げなければ当てられないという安心感があるから、緊張感をもって聞いていようとすることが、ないのです。

突然指名の場面を増やすことです。

いつ当てられるかわからないという緊張感があると、聞くことに集中するものです。

中には、急に指名されると、憮然として
「私は手を挙げていない。」

と、主張する子どももいます。

「先生は、手を挙げている人だけを指すとは、言っていません。では、あなたは、考えていないのですか。授業に参加していないのですか。今の途中の考えでいいから、何か言いなさい。」

と、僕は追及することがあります。

こういう授業をしていると、子どもたちの中に、授業への緊張感が生まれます。

ただし、こうしたやり方は、その子が答えられるはずだという見通しを持っていないと、わからない子どもを責め立てることになりかねないので、要注意です。


それから、指先を使います。

黙って、集中していない子ども、聞いていない子どもを指さします。

僕は、基本的に、子どもを指名するときは、指でささずに手のひらを上に向けて「どうぞ」というポーズをします。

集中できていない子、よそ見していたり、私語をする子どもを黙って指さしていると、教室は静かになります。そして、指されている子どもたちも気づいて、静かになっていきます。聞き入れやすい状態になるわけです。

教師は、言葉だけではなく、ノンバーバル（非言語的）な指、手、表情を使って子どもたちに語りかけます。子どもたちもそれを目と心で聴き取るのです。

5　皆で「聴き合う」――カラオケ型発表会からの脱却

グループで調べものをして発表させることを、ときどきするでしょう。

二〇〇二年から学習指導要領で表現領域から「話すこと・聞くこと」領域が独立しました。それから、各学校で発表（プレゼンテーション）学習が増えました。

みなさんは、一時間にいくつのグループに発表させていますか。一時間にいくつもの発表をするやり方を、「カラオケ型発表会」と僕は呼んでいます。

カラオケに行っているときに、人が歌っている間、多くの人が次に何を歌おうかと探したり、機械に曲を入れたりしているのを見たことはありませんか。そのくせ、だれかが歌い終わったら、急にまるで今までちゃんと聞いていたかのように拍手しています。よく聞いていないのに、拍手だけします。失礼な話です。

真剣に聞いていたら、自分の曲なんて探せるはずがありません。

同じように、一時間の授業に、グループの発表をたくさん入れたら、つぎの発表グループは、自分たちの発表のことばかり考えて、今発表しているグループの話をきちんと聞いたりは、しなくなるのです。

そのくせ、発表が終わったときに、拍手だけはする。失礼な聞き方です。

僕は、グループの発表は、一時間に一つしかしません。毎日一つずつすればいいのです。後で説明する「オムニバスの授業」の中に少しずつ組み入れていけばよいと考えています。

本当に聞き合う授業にするためには、そういう工夫が必要です。

6　学級の話し合いの中で「聞く」を鍛える

学級での話し合いにおける「聞く」を考えましょう。それは、クラスとしての「聞き合う」力を育てることです。

(1)「聞き直し」で、全員がちゃんと聞こうとするムードを作る

「今、何を言ったの。」

「聞こえないから、もう一度言ってください。」

という言葉は、大切です。友だちの言ったことが聞こえていなくても平気な子どもにしてはいけません。

ただ、このときに気を付けたいのは、個人攻撃にならないようにすることです。

なかなか大きな声の出せない子どもが発表しているときに
「聞こえない。」

という言葉がたくさん出てきたら、

「今の君たちの聞き方だったら、聞こえないのは当たり前でしょう。」

という注意もしなくてはなりません。

特に、

「聞こえません！」

という言い方がきつくて攻撃されているように感じさせないように、落ち着いた言葉で言うように指導します。柔らかい言い方で、

「聞こえにくいからもう一度言ってください。」

と伝えさせることで、クラスのムードがやわらかくなります。

(2) 友だちの話を聞くときの反応の仕方を教える

聞くことは、受け身的な活動ですが、友だちの話に対しての反応の仕方を教えることで、「聞く」が積極的な活動に変わっていきます。

・うなずいて聞く。
・自分の考えと違うなと引っかかったら、首を横に傾ける。
（「えー」とかの否定的な言葉は使わない。）
・心にぐっときたら拍手する。

そういう反応の仕方を具体的に教えて、練習させるのです。それによって、話し手は、
「聞いてもらっているんだ。」
という実感を持つことができます。

ただ黙ってお行儀良く聞いているというのは、コミュニケーションではありません。相手の言葉をどういうふうに受け止めるのかを教えることが、学級づくりにもつながっていきます。

(3) 「イイミミつくろう」

自分たちの聞き方を振り返ってチェックするなど、自己評価していくことも取り入れたいです。

自己評価は難しいことで、自分を見つめ直すことが、まだ十分にできない低学年の子どもたちに

イイミミチェック　四年生

イイミミチェック　四年生 ▼あてはまる数を○でかこむ。	1　よい 2　少しよい 3　あまりよくない 4　ぜんぜんよくない
・話し手の方に顔を向けている。	1　2　3　4
・話し手の方に心を向けている。	1　2　3　4
・うなずいたり、首をふったりしながら聞いている。	1　2　3　4
・聞き取れなかったときに、相手に聞きなおしている。	1　2　3　4
・アルバイト（手作業）しないで聞いている。	1　2　3　4
・話し手の言い方のよいところを考えて聞いている。	1　2　3　4
・しずかに聞いている。	1　2　3　4

は、はっきり言ってまだ無理な活動です。

中学年以上においては考えていきましょう。

また、自己評価は、最初のうちは、他者評価と並行してすすめていくのが望ましいです。こんなふうに評価するんだよというモデルを先生が示すということです。

四年生の聞き方自己評価の表を、前ページに示しました。参考にしてください。僕のクラスでは、

「イイミミつくろう」

というスローガンを作って、各自がイイミミチェックをしているのです。

(4) 「クラスのいい耳」

教室の横の壁に左頁の写真のような「クラスのいい耳」を掲示しています。

終わりの会や朝の会などで、前に立った司会者の子どもが
「静かにしてください。」

と言っても、なかなか聞いてくれないときがあります。

そんなとき、僕は、黙って教室の横に移動します。子どもたちの目線がそちらを追いかけてきます。

そして、マークを1の「ほとんど聞いていない」のところに移動させます。

「君たちの聞き方は、今、こんな感じですよ。」

という先生からのメッセージです。

とたんに、すうっと静かになっていきます。子どもたちは目で見て先生のメッセージを受け止めるのです。

すると、今度は、マークを4まで移動させます。「聞いていないのは、後、数人ですよ」というメッセージです。聞いていない子の隣の子どもがその子の肩を軽くたたいて、黙って「クラスのいい耳」を指さします。

これで全員が静かになると、僕は、５にマークを移動させます。注意も怒鳴り声も必要ありません。

ポイントは、自分たちの聞き方を目でとらえさせるということなのです。これこそが聞くことを可視化するということなのです。

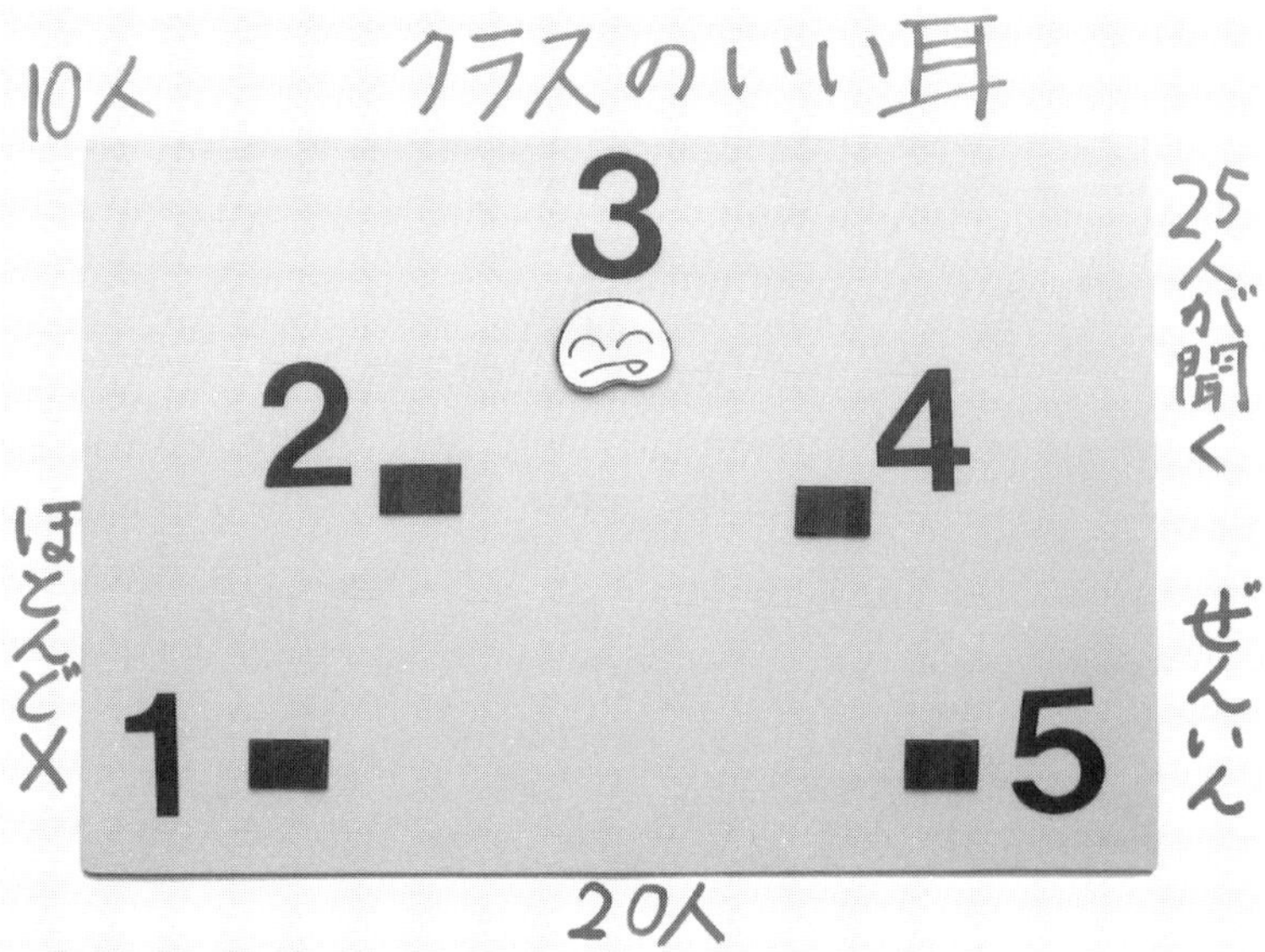

第6章

「聞く」力をつける学習ゲーム

1　オムニバスの授業で「聞く」力をつける学習ゲームをしよう

「オムニバスの授業形態を」ということを、ここ数年、言い続けています。

オムニバスの授業というのは、一時間（四十五分間）の授業をいくつかに分けて、一つの活動だけを丸一時間することのないように、何種類かの活動・課題をさせていくという授業形態のことです。

その発想の根底には、次のような考え方があります。

「休み時間って、何の時間？」

最大のというか永遠の目標である岡田崇先生が、おっしゃった言葉。

「大人が考える遊びと、子どもが考える遊びは、違っている。子どもは、休み時間が、自分たちの仕事の時間や。先生は、授業が仕事の時間で、休み時間は遊びや休憩の時間やと思っとる。そこに、子どもとの感覚の違いがある。」

そう言えば、子どもたちは、休み時間になると、ダッシュして運動場へ飛んでいく。そして、ぎりぎりまで遊んで【仕事して】、汗をふきふき教室にもどってくる。健康な子どもたちはそうするものだ。僕は時間には厳しい。授業に遅刻なんて絶対に許さない。

でも、子どもたちは一仕事終えてもどってきているんだ、と考えると、「授業始めるぞ。」という声がにぶる。休憩タイムに入ろうとしている子どもたちを、授業に取り組む学習者に変えなくてはならない。だからこそ、オムニバスの授業が必要なのだ。

いきなり、「教科書の何ページを読み取ろう」などという課題から入ったら、学習者は一部の子どもだけになる。楽しい音読始めるよ。ともかく声を出そうね。漢字ビンゴのスタート。まずはそんな短い単位の課題で始めるから、メイン・ディッシュの「読み取り」や「表現」の活動に取り組みやすくなるのである。

僕は、そう考えている。

ブログ「多賀マークの教室日記」より

授業が始まって、いきなり教材文を音読して読み取りに入るというスタートは、子どもたちの心に寄り添わないものだと考えています。

さらに、今時の子どもたちは、四十五分間集中して一つのことを追いかけるなんてことは、できません。短い時間でぱっと理解することはできても、集中が持続してはいかないのです。

「いやいや、わたしのクラスはできているよ。」

と言う方は、よほど授業の内容と話し方がおもしろいか、黙って聞いているように見える子どもたちの心を理解していないかのどちらかでしょう。

僕は、三十年以上教師をやってきて、このごろの子どもたちが、だんだん集中できる時間が短くなってきていることを、実感しています。

ですから、五分＋十分＋三十分＝四十五分　というのを、授業の基本にしています。

国語では、楽しい音読が五分。漢字ビンゴや「聞いてQ」（77ページ参照）が十分。メインの作文や読み取りは、三十分に集約して、というような感じで行います。

算数だと、計算練習が五分。文章題や頭のトレーニングに十分。そしてメインの学習に三十分です。

社会科では、社会の歌（「歴史年号数え歌」や「ロックンロール県庁所在地」等）が五分。フラッシュ型教材が十分。メインの社会科学習が三十分です。

切り替えが早くて、持続力の弱い現代の子どもたちには、こうしたオムニバス形式の学習がベターだと、僕は思っています。

ところで、講演などでオムニバス形式の話をしたら、必ず質問されることが、次の三点です。

一つ目。

「三十分でメインの学習が可能ですか」

三十分で教材文の読み取りを行おうとしたら、学習の課題は、一つくらいしか立てられません。どの一つに絞り込むかという教材研究が必要になります。その一つのめあてに向かって、三十分でどのような学習が仕組めるか考えなくてはなりません。厳しいですが、余分な活動が削られて、かえってシンプルでわかりやすい授業が作りやすくなるものです。

また、教師の脱線が少なくなって、学習効率も上がります。だって、よけいな話をしている時間がないのですから。

何よりも、「四十五分間授業したらそれだけじっくりと学習できている」という、教師の思い込みから脱却してほしいと思うのです。多くの子どもたちは、そんなに長い時間集中できないものなのです。

二つ目。

「一つの活動が盛り上がったら、次の活動への切り替えが、うまくいかないのではないですか」

結論から言うと、思っているよりもうまくいきます。今の子どもたちは切り替えは上手です。先生の方が意識しすぎないで、淡々と次の活動へ移ればいいのです。それと、活動に何かおもしろい題名をつけておくとスムースに移りやすいですね。

「さあ、聞いてQ！」

と言うと、僕のクラスの子どもたちは、ぱっとノートを開けてスタンバイします。

三つ目。日本私立小学校連合の大会で「聞くこと」について話をしたとき、たくさんの先生方から出た質問です。

「聞くことを育てることの大切さは分かりましたが、時間が足りません。特にオムニバスの授業については、やりたいのだけど、教科書の進度のことが心配になってしまいます」

教科書の指導書の通りの時間数でやっていこうとしたらオムニバスを取り入れにくいのは、事実です。

しかし、これも工夫です。新しい指導要領の主旨をよく考えてください。言葉の学習などは、教科書の通りにするのではなく、子どもの実態に応じて教師が工夫していくこととなっています。

聞き合う子どもたちに育てることが、学級づくりになり、学級崩壊を防ぐのだと最初に書きました。そうであるならば、断固たる決意を持って、聞く学習を取り入れていくべきではないでしょうか。

2 「読み取り」から「聞き取り」へビンゴゲームで移行

オムニバスの授業で僕がよく使っているのは、聞き取りの学習です。ある程度の文章を読んで、その要点をまとめるために、キーワードを取り出させます。

まずは、読み取りのトレーニングから入ります。オムニバスの十分のところに位置づけています。最初に三分程度で読み切れる説明文を示して、キーワードをあげさせて九つのマスに書き込む「読み取りビンゴ」をして、遊びながら学習します。

僕がキーワードを重要度の高い順番に発表して、ビンゴを競います。分かってくると、重要な順にキーワードを並べたり、一番重要な言葉は、真ん中のマスに書いたりするようになってきます。

これを何度か繰り返していると、キーワードをだいたい取り出せるようになってきます。

もちろん、そのつど、繰り返し出てくる言葉・題名やテーマと関わった言葉・言い直して同じ意味で何度も出てくる言葉など、キーワードの取り出し方のヒントを毎回教えていきます。

■ 三年　読み取りビンゴ　No.2　名前【　　　　】

次の文章をいそいで読んで、大切だと思う言葉を、九つのマスに書き入れなさい。
国語辞典で引くときの形にして書き入れること。

犬をかうと、健康《けんこう》によいことがあります。犬は、自分の住んでいるところをよごすのが好きではありません。だから、毎日、トイレのために外へ散歩に連れて行かなければなりません。毎日、散歩に行くことで、連れて行っている人間の方が、健康《けんこう》になります。

また、犬は、自然と時間をまもって、行動することができます。時間通りに生活することの苦手な人も、犬にひっぱられて、時間通りの生活をするようになります。

きそく正しい生活をするので、さらに健康になるというわけです。そして、犬は、つかれた人間の気持ちをやわらげてくれるので、心も健康になるとも、言われています。

こうして、十回くらい「読み取りビンゴ」をした後、「聞き取りベスト5」と題して、三分間程度で説明文を読み聞かせ、キーワードを考えさせます。このときは、重要な順に語句を並べさせるのです。

子どもたちは、必死になって聞き、キーワードになりそうな言葉を書き出します。集中して聞き取る姿がはっきりと見られます。

僕が重要な言葉を発表していくと、歓声があがって盛り上がります。子どもたち自身は学習している感覚ではなく、ゲームをしている感覚なのです。その中で、文章からキーワードを取り出すという高度な力が養われていくと考えています。

■ 三年　聞き取り　ベスト5《ファイブ》

先生が読み聞かせる文章をよく聞いて、キーワードを五つえらびます。二回、同じ文章を読みます。

まずは、聞きながら、次の□の中に、ぴんときた言葉をどんどん書いていきましょう。漢字はまちがってもかまわないので、できるだけ使いましょう。

二回目は、一回目に聞き取れなかったり、二回目にぴんときた言葉をどんどん書きましょう。

二回読み終わったら、考える時間を少しあげます。

そして、大事な順番に五つのキーワードを書きましょう。

◆ベスト5

①〔　　　　　　〕

②〔　　　　　　〕

③〔　　　　　　〕

④〔　　　　　　〕

⑤〔　　　　　　〕

3 「聞いてQ」――盛り上がる「聞き取り」クイズ

聞き取りのトレーニングとして、少し長い文章を読み聞かせて、聞き取った内容に対する問題に答えるという、昔からよく行われている学習です。

「聞いてQ」という題名にするだけで、なんだか楽しいことのように感じます。

初めは、短いまとまりに区切って、聞き取る練習をします。

◆「星の銀貨」　グリム兄弟　楠山正雄訳

めあて――　○　話の内容を聞き取る。
　　　　　　○　視点を持って、話を聞く楽しさを味わう。

Ⅰ　むかし、むかし、小さい女の子がありました。この子には、おとうさんもおかあさんもありませんでした。たいへんびんぼうでしたから、しまいには、もう住むにもへやはないし、もうねるにも寝床《ねどこ》がないようになって、とうとうおしまいには、からだにつけたもののほかは、手にもったパンひとかけきりで、それもなさけぶかい人がめぐんでくれたものでした。

Ⅰを読む。……問一、女の子の持ち物を全部書きましょう。

（まずは、短くスタート。問題も簡単にして、全員が何か答えられるものを）

Ⅱ　でも、この子は、心のすなおな、信心のあつい子でありました。それでも、こんなにして世の中からまるで見すてられてしまっているので、この子は、やさしい神さまのお力にだけすがって、ひとりぼっち、野原の上をあるいて行きました。すると、そこへ、びんぼうらしい男が出て来て、

「ねえ、なにかたべるものをおくれ。おなかがすいてたまらないよ。」と、いいました。

女の子は、もっていたパンひとかけのこらず、その男にやってしまいました。そして、「どうぞ神さまのおめぐみのありますように。」と、いのってやって、またあるきだしました。すると、こんどは、こどもがひとり泣きながらやって来て、

「あたい、あたまがさむくて、こおりそうなの。なにかかぶるものちょうだい。」と、いいました。

そこで、女の子は、かぶっていたずきんをぬいで、こどもにやりました。


Ⅱを読む。……問二、女の子は男に何を渡しましたか。

問三、どんな男でしたか。
問四、あたまがこおりそうだと言ったのは、男の子ですか。
　女の子ですか。

Ⅲ　それから、女の子がまたすこし行くと、こんど出て来たこどもは、着物一枚着ずにふるえていました。そこで、じぶんの上着《うわぎ》をぬいで着せてやりました。それからまたすこし行くと、こんど出てきたこどもは、スカートがほしいというので、女の子はそれもぬいで、やりました。そのうち、女の子はある森にたどり着《つ》きました。もうくらくなっていましたが、また、もうひとりこどもが出て来て、肌着《はだぎ》をねだりました。あくまで心のすなおな女の子は、（もうまっくらになっているからだれにもみられやしないでしょう。いいわ、肌着もぬいであげることにしましょう。）と、おもって、とうとう肌着までぬいで、やってしまいました。

Ⅲを読む。……問五、一回目の読み。女の子のあげたものを全部書きましょう。
　　　　　　　問六、二回目の読み。これからどうなるのか、書きましょう。

Ⅳ　さて、それまでしてやって、それこそ、ないといって、きれいさっぱりなくなってしまったとき、たちまち、たかい空の上から、お星さまがばらばらおちて来ました。しかも、それがまったくの、ちかちかと白銀色《はくぎんいろ》をした、ターレル銀貨でありました。そのうえ、ついいましがた、肌着をぬいでやってしまったばかりなのに、女の子は、いつのまにか新しい肌着をきていて、しかもそれは、この上なくしなやかな麻《あさ》の肌着でありました。

女の子は、銀貨をひろいあつめて、それで一しょうゆたかにくらしました。


IVを読む。……問七、お星様は何に変わりましたか。

問八、聞き終わった感想を書きましょう。


最後に、全文を渡して、自分で音読する。

何回か、こういう小さな聞き取りを繰り返した後、聞き取る文章を長くしていきます。

◆「あし」　新美南吉

① 二ひきの馬が、まどのところでぐうるぐうるとひるねをしていました。
するとすずしい風がでてきたので、一ぴきがくしゃめをしてめをさましました。

ところが、あとあしが一本しびれていたので、よろよろとよろけてしまいました。

「おやおや。」

そのあしに力をいれようとしても、さっぱりはいりません。

そこでともだちの馬をゆりおこしました。

「たいへんだ、あとあしをいっぽん、だれかにぬすまれてしまった。」

「だって、ちゃんとついてるじゃないか。」

「いやこれはちがう。だれかのあしだ。」

「どうして。」

「ぼくの思うままに歩かないもの。ちょっとこのあしをけとばしてくれ。」

そこで、ともだちの馬は、ひづめでそのあしをぽょんとけとばしました。

「やっぱりこれはぼくのじゃない、いたくないもの。ぼくのあしならいたいはずだ。よし、はやく、ぬすまれたあしをみつけてこよう。」

そこで、その馬はよろよろと歩いてゆきました。

「やァ、椅子《いす》がある。椅子がぼくのあしをぬすんだのかもしれない。よし、けとばしてやろう、ぼくのあしならいたいはずだ。」

馬はかたあしで、椅子のあしをけとばしました。


問一、馬は、なぜよろけてしまったのですか。

問二、その馬は、どうしてよろけたと思ったのですか。

問三、けとばされた椅子は、どうなったと思いますか。

②　椅子は、いたいとも、なんともいわないで、こわれてしまいました。

馬は、テーブルのあしや、ベッドのあしを、ぽんぽんけってまわりました。けれど、どれもいたいといわなくて、こわれてしまいました。

いくらさがしてもぬすまれたあしはありません。

「ひょっとしたら、あいつがとったのかもしれない。」

と馬は思いました。

そこで、馬はともだちの馬のところへかえってきました。そして、すきをみて、ともだちのあとあしをぽぉんとけとばしました。

するとともだちは、

「いたいッ。」

とさけんでとびあがりました。

「そぉらみろ、それがぼくのあしだ。きみだろう、ぬすんだのは。」

「このとんまめが。」

ともだちの馬は力いっぱいけかえしました。

しびれがもうなおっていたので、その馬も、

「いたいッ。」

と、とびあがりました。

そして、やっとのことで、じぶんのあしはぬすまれたのではなく、しびれていたのだとわかりました。


問四、馬は、どうしてともだちのあとあしをけったのですか。

問五、けられたともだちはどうしましたか。

問六、この馬のことをどう思いますか。


「聞いてQ」は、文章さえあれば、いくらでも作成することができます。

伝統文化の学習として、民話や神話の読み聞かせに活用すれば、時間数も確保できるでしょう。

4 「この絵なんの絵、気になる絵」
――「聞く」と「話す」を組み合わせた取り組み

聞くことと話すことは、本来セットで考えられなければなりません。しかし、これまでの聞く話す学習では、話すことにばかり焦点が当てられて、聞く学習がおざなりにされてきた一面があります。

聞くことに重点を置いて、学習を仕組んでいきましょう。

「この絵、なんの絵、気になる絵」は、絵に描いた簡単な図形を子どもたちにあてさせるゲームです。

まず、下のような図を隠し持って、子どもたちに言います。

「先生の描いた絵は、どんな絵か、ノートに描きなさい。」

子どもたちは、

「えーっ。そんなの無理だよ。見えないんだもの。」

と、騒ぎます。

「じゃあ、だれか一人だけ前に出てきてください。みんなにどんな絵か、説明してもらいます。」

そして、一人が前に出て説明をします。

「矢印があります。ハートが二つあって、一つがひっくり返っています。星が左の上にあり……。」

最初の頃の子どもの説明は、いろいろなものが欠けてしまいます。どこに、どんな大きさであるのか、矢印ならどちらを向いているのか等、聞き取って描こうとすると、よくわからなくなるものです。

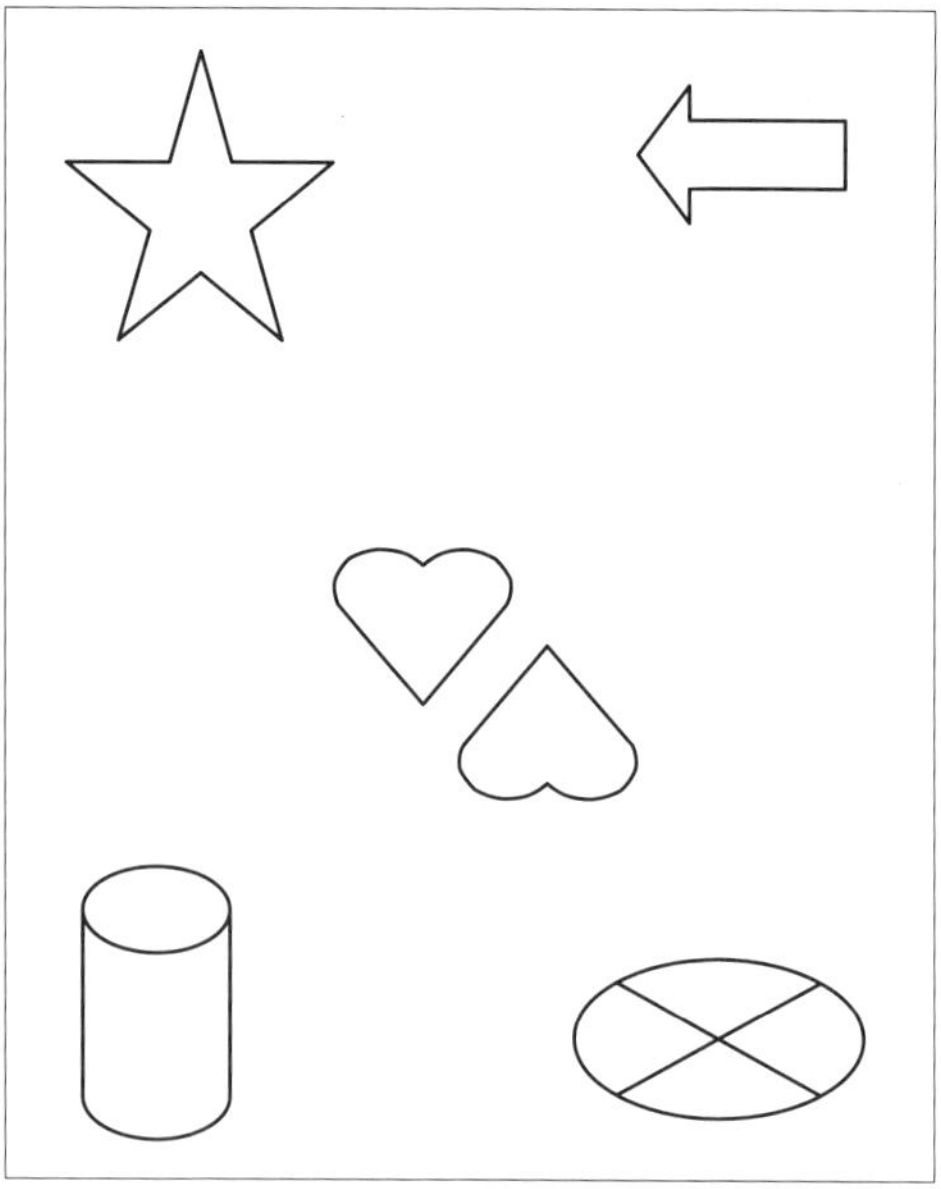

そこで、子どもたちが、発表者にたずねていく番です。

「ハートの大きさは、どのくらいですか。」

「矢印は、どっちを向いていますか。」

などと、質問していきます。この質問も、よく聞いていないとできません。

最後は、絵を公開して、自己評価させます。

この学習は、何度か繰り返すと、話し手もどう言えばよいか、聞き手を意識して考えるようになります。聞き手の子どもたちは、よく聞き取ろうとして、集中します。まさしく話すことと聞くことが一体化した授業になります。

5　聞き取りミニゲームで、聞いたことを可視化する

学習には、今、この力をつけるんだということが子どもにもはっきりしている学習と、子ども自身は学習しているつもりはなく、教師の側には、こういう力をつけさせるという意図のある学習と、二通りあります。聞き取りミニゲームは、後者の方です。

子どもたちは、楽しく遊んでいるつもりですが、聞き取る力がついていきます。

また、よく知られているゲームも、ちょっとした工夫の仕方で「聞く」学習に変えることができます。

ポイントは、聞いていないとおもしろくならないゲームを考えるということと、聞いた後で何か活動をする必要のあるゲームにすることです。

(1) 「三文字しりとり」は、慣れるほどに面白さがアップする

三文字しりとりは、その名の通り、三文字のしりとりを続けていくものです。ふつうのしりとりと少し違うのは、何度同じ言葉が出てきてもよいというところです。

「ウッホッ、ウッホッホッ。」

というかけ声からスタートして、手拍子をパンパンと入れた後に、言葉を言います。

「こぶた」—パンパン—「たぬき」—パンパン—「きつね」—パンパン—「ねっこ」—パンパン—「こぶた」……。

というように、続けていきます。

リズムをくずしたり、つまったりすると、アウトです。

低学年だと、かなり長くこれが続いて、突然誰かが「たいこ」というような違う言葉を言います。慣れるまでは、なかなかゲームとして盛り上がりませんが、慣れてくると、違う言葉を言う子どもたちが増えてきて、それと同時にちゃんと聞き取らないといけない感覚が芽生えてきて、聞き取る学習が成立してきます。

低学年の場合は、三文字の言葉をたくさん子どもたちから発表させて、三文字の語彙を増やして

おいてから、この学習に入るのもよいでしょう。同時に語彙指導もできるというわけです。

(2) 「仲間はずれをあてよう」で、とっさに聞き取って判断する力を

この学習は簡単に仕組めます。教科書に出てくる言葉を応用させることもできますから、教科書に沿ったオムニバス指導ができます。

五つか六つの言葉を、子どもたちに聞かせます。淡々と、すみやかに言います。仲間はずれの言葉が一つだけ入っているので、それをノートに書き出します。例えば、「はぎ・ききょう・さくら・すすき・こすもす」というように。この答えは、秋の草花からの仲間はずれで、「さくら」が答えですが、子どもたちに、なぜ仲間はずれかを考えさせることもします。

「ラーメン・うどん・スパゲッティ・オムレツ・ざるそば」だと、答えは「オムレツ」で、麺類からの仲間はずれということになります。

各学年で教科書に出てくる言葉を全部ピックアップして組み合わせたら、いくつかの問題ができるでしょう。

(3) 「ゆびぬきゲーム」で、聞きながらふれあう

よくあるゲームです。右手の親指と人差し指で輪っかを作り、左手の人差し指をとなりの子どもの右手の輪っかにつっこみます。そして、先生の話を聞いて、キーワードが出てきたら、左手をさっ

と抜き、同時に右手の輪っかをきゅっとつぼめてとなりの子の指をつかまえます。

例えば、キーワードを「おじいさん」にします。そして、先生が文章を読みます。

「むかしむかし、あるところに、おじいさんとおばあさんが住んでいました。おばあさんは川へせんたくに、おじいさんは、山へ芝刈りにでかけました。……」

盛り上がること、請け合いです。それでいて、先生が話し始めると、さっと聞くことに集中するようになります。こういうゲームを通して、先生が話し始めると集中する癖がついていきます。

(4) 昔からの「伝言ゲーム」を、より新鮮に

「伝言ゲーム」はオーソドックスなゲームです。よく知られていますが、一応どういうゲームかを書いておきましょう。列ごとに、前から順に伝言を送り、最後の子どもが紙に書いて発表します。最初の子どもは、教師が二回言うのを聞き取って、次に伝えます。そのままでも楽しめますが、一回しか言えないとか、伝言するときの時間を制限するとか、文を長くするなどの工夫で、バージョ

ンアップさせるのです。

そうすると、同じゲームなのに、新鮮で違ったものに感じるのです。後ろから回したり、そのときだけ席を入れ替わるなどして、スターターを変えるようにすることによって、子ども個々の聞き取りのレベルを把握することもできます。

意味のある言葉は、聞き取りやすいものです。わざと聞き取りにくくするために、ナンセンスなものも入れていくと、盛り上がります。

例えば、「ラーメンから飛び出した毛虫」とか、「テンプラ・ピンパラ・ポンコラ」というような、脈絡のないフレーズを伝言させると、正確に聞き取ろうと必死になっていきます。一回で聞き取らなければならないようにさせると、さらに聞くことに集中せざるを得ないでしょう。

もちろん、こういうゲームの基本として、最初は「ランドセル」や「青いトマト」などのように、簡単な言葉から入るべきでしょう。

(5)「落ちた落ちた」で、イメージをふくらます

これもよく使われているゲームです。

「落ちた落ちた」

と先生が言ったら、

「何が落ちた」

と子どもたちが言います。先生が
「○○○が落ちた」

と言ったら、○○○に応じた動作をします。

このゲームも、聞き取りに視点をおいて、行います。

最初は「雷」「天井」などの動作化しやすいものを選びます。

慣れたら、「粉雪」「ママの雷」「ホットケーキ」など、動作化しにくかったり、イメージがふくらむような言葉を選びます。

低学年の子どもたちだと、「雪」という言葉を聞いて、

「わーい、雪合戦しよう。」

などと盛り上がります。

「ママの雷」には、頭をおさえたり、逃げ回ったり、

「そんなの平気だよ。」

と言ったりして、さまざまな子どもたちの生活が垣間見られます。

(6) 「だれの声かな」で、聞き分けるトレーニング

まず、ICレコーダーに一人一人が適当な短い文を録音していきます。

次に、声をランダムに再生し、だれの声かをあてます。

このゲームは仲間の声を聞き分けるわけですから、こういう活動をしますよと予告しておけば、子どもたちはクラスのみんなの声を、生活の中で聞いておこうとします。

自分の声をわかってもらえるということは、仲間意識を持つということにもつながっていくでしょう。

(7) 「歌に合わせてホイサッサ」で、歌って動作化

先生が歌を歌って、子どもたちに歌詞通りの動作をさせる遊びです。最初は全員でやって、予告はなしで、突然何人かの子どもたちを指名します。

子どもたちはその場所でもいいし、前に出てきてもいいのですが、先生の歌に合わせて踊ります。曲はゆっくりと歌えて、だれでも知っているようなものにすることです。また、動作は簡単にできるものから始めて、次第におかしく難しいものにしていくのがよいでしょう。

例えば、「チューリップ」の節で

「たらこ　たらこ　たらこのくちは
たこやき　たこやき　ほっぺふっくら
どのかお見ても　おかしいな」

というような歌詞で歌って、動作化させます。

慣れてきたら、子どもたち同士のグループで考えさせるのもよいでしょう。

高学年では少し恥ずかしくて難しいかも知れませんが、みんなの前でこういう遊びを楽しめるようになっていれば、クラスはまとまってきていると考えてもよいでしょう。

聞き取りゲームを重ねていくと、子どもたちの聞く技術があがってきたように思えます。

ところが、子どもたちはおそろしいほどマンネリに弱いのです。慣れてくると、聞こうという意欲が低下してくるので、常に工夫をこらしながら、いろいろなアイデアを持ち込んでくることが、特に、この「聞く」指導については必要なことだと考えています。

第7章

聞くことに視点をあてたグループエンカウンターで、クラスが聴き合う

構成的グループエンカウンターが、教育現場で活用されるようになってきました。受け止め合う学級づくりには、欠かせないアイテムになってきています。

グループエンカウンターを取り入れていくときに、「聞くこと」に視点をあてて実施すると、それが「聴き合う」子どもたちを育てることになります。次にあげているものは、僕のオリジナルアイデアのエンカウンターではありませんが、聞くことを中心にして見直したものです。

1　ミラーリング・コミュニケーションで、受け止めて聞く

冬休み、夏休みなどが終わった直後、子どもたちは伝えたい思いでいっぱいになって学校へやってきます。ところが、全員の話をみんなが聞く機会なんてありません。時間が足りないのです。全員が「伝えたい」「言いたい」のに、全員の思いを聞いてあげられないのです。

先生へは、作文に書いて伝えてもらいます。赤ペンのコメントで返していけばいいのです。でも、ともかく初日に、「誰かに聞いてもらえた」という気持ちになってほしいものです。初日が無理でも、二日目にはしたいものです。

だから、一対一で聴き合う、人を代えてまた聴き合う、という機会を作るのです。

① 二人一組になって向き合い、一人ずつ、休みの中で一番強く心に残ったことを短く話します。

② 聞き手の方は、話し手の顔を見て、うなずきながら聞きます。できれば、笑顔で聞くことに注意します。

③ 聞き終わると、話したことと全く同じ言葉を「家族でディズニーランドへ行ったことが楽しかったんだね」などと繰り返します。これが、ミラーリング・コミュニケーションです。（始める前に、必ず、そうすることを予告しておきます。そうしないと、一生懸命に聞こうとしない子どもも出てくるからです。）

④ 交代して、同じことを繰り返します。

⑤ パートナーチェンジして、また、同じことを繰り返します。

うなずきながら聞くということは、相手を受け入れようとするコミュニケーションの第一歩です。新学期が、仲間に聞いてもらえたという思いからのスタートでありたいものです。

2　「友だちレポーター」でわかり合うために聞く

①　四人組になってじゃんけんをして、勝った人が右隣の人の特徴を見つけてニックネームと一緒に伝えます。「○○と言われる△△さんです。」

②　合図をしたら、次の人に代わります。特徴が言えなくて困ったら、他の二人の聞き役が助けてもかまいません。「○○さんは、いつもにこにこしているよ」と教えてもらって、「いつも笑顔の△△さんです」と言うようにします。

③　八人組を作って、さっきと同じ要領で、順番に紹介していきます。

④　自分のことを紹介されて、どんな感じがしたか、五分くらいで話し合います。

⑤　インタビューカードに友だちにたずねたい項目を五つ書きます。（相手を困らせるような質問はだめということを徹底させます。）

⑥　三人以上の人から、インタビューします。ここが最大の「聞く」ポイントです。

⑦　モデルを指名して、その子についてのレポートを発表します。

「クラスの中の他人」という言葉があります。同じクラスにいても、全くどういう人間か知らない子どもたちがいます。話したこともないし、聞いたこともないのです。お互いに聴き合ったり、他の人から知らない子どもがどんな子どもかを聞いたりして、できるだけたくさんの子どもたちがわかり合っていくようにしたいものです。

学級がスタートしたときから仲間が存在しているわけではありません。同じ学級で出会った者たちがわかり合っていく中で、学級が作られていくのです。

そのために「聴き合う」ことが必要なのです。

（「ミラーリング・コミュニケーション」は、八巻寛治著『やまかん流カウンセリング技能活用シリーズ2　社会的スキルを育てるミニエクササイズ基礎基本30』（明治図書）を、「友だちレポーター」については、八巻寛治著『小学校学級づくり構成的グループエンカウンターエクササイズ50選』（明治図書）等を参考にしました。）

第8章

ふだんの授業で「聞く」ことに焦点をあてる

いよいよ、オムニバスの授業（68ページ参照）で言うとメインとなる三十分の国語の学習について、考えましょう。特別なことではありません。ふつうの授業をする中で、ちょっと聞くことに視点をおいた学習を仕組むだけで、子どもたちの聞く力がアップするのです。

教科書の文章を使った授業では、主に聞き取ることが中心になるでしょう。ここで、「聞き取る」指導のポイントについて、段階ごとに僕がまとめたものがありますので、99ページに示しました。

聞くことを内容、態度、技術の三点から考えましょう。

〈低学年〉では、まずは話し手の思いを受け止めて聞くことが大切です。

それが聞くことの一番の基本だからです。話の内容はだいたい聞き取れればいいのですが、学習指導要領では低学年の「書く」も「読む」も全て「順序通りに」がめあてになっているように、時間の順序、出来事の順序をつかむことが大きな課題です。聞くことも、順序通りに聞くことが目標になるでしょう。

態度面では、聞いたときに反応することをめあてにします。まずは受け止めることからです。うなずいて聞くことができるようにさせたいものです。

技術としては、正確に聞き取ることだけで低学年では手いっぱいでしょう。

〈中学年〉では、話の要点をつかむことが必要です。

物語などを聞いたときは、登場人物の心情を聞き取りの中から想像できなければなりません。物語から人物の心情を思いやれる心と技術が、学級で友だちの話から、その思いを聞き取れる子どもたちを育てるのです。

それから、聞き取ったことのあらすじをだいたい語れることも、中学年のめあてとしてあげたいです。これは少し高いレベルなので、四年生の後半ぐらいにできるようになればよいと考えましょう。

中学年では、うなずくだけでなく、感じたことによって反応の仕方を変えていくことを学ばせたいものです。拍手したり、首をひねったり、能動的な聞き方ができるようにしたいものです。

技術的には、メディアリテラシーともつなげて、聞いたことから、自分にとって必要な情報を取り出せることも、めあてとしたいですね。

〈高学年〉では、話し手が何を言いたいのか、その主張を聞き取らなくてはなりません。そして、話し手がどういう立場で話しているのかも考えさせたいです。

　さらに、文学教材の聞き取りを通じて、情景を頭に描けるようにまでなってほしいと思います。

　聞いているときの反応の仕方としては、中学年と同じことをよりはっきりさせていけばよいと思います。

聞き取る指導ポイント表

	内容	態度	技術
低学年	・相手の思いを聞き取る ・話の内容を聞き取る ・話の順序を聞き取る	相手を見てうなずくなどの反応をする	正確に聞き取る
中学年	・話の要点を聞き取る ・人物の思いを聞き取る ・話の展開を聞き取る	話の内容に応じて反応する	・必要な情報を取り出せる ・正確に聞き取る
高学年	・話者の主張を聞き取る ・立場と論法を聞き取る ・情景を聞き取る	話の内容に応じて反応する	・メモをとりながら聞ける ・正確に聞き取る

高学年にもなると、メモを取りながら聞くことをめあてにします。

僕は、低中学年でメモを取りながら聞くということを推奨しません。それは、学級づくりとして、聞くことを考えているからです。メモを取りながら聞くというのは、「仲間と聴き合う」子どもたちの姿としては、どうもピンとこないからです。

全学年を通じて正確に聞き取ることを技術としてあげています。これこそ一番大切なことであり、子どもたちになかなかつけにくい力だからです。

学年によって、聞き取る文種・量も変わりますが、個人差がとても大きいものですから、この表は、あくまでも一つの目安と考えてください。

1　辞典の活用を「聞き取り」の学習に応用する

説明文の学習をイメージしてください。何年生でもできますが、辞典を引かせるので、三年生以上がよいでしょう。

まず、本文を読んで、重要で子どもたちに理解しにくいであろう言葉をピックアップします。

授業では、その言葉の解釈の必要になったところで、二人の子どもを指名して、国語辞典を渡して、引かせます。

例えば、三年生の説明文に出てくる「消化」という言葉があります。

光村の辞典では、「食べた物を栄養分として体に取り入れることのできる状態にすること」と書いてあります。

これを二人に読ませて、他の子どもたちには聞き取ってノートに書かせます。これを「聴写」と言います。

大した活動ではありません。しかし、聞くことに焦点をあてれば、これは「聞き取る」活動になります。授業者がそういう意識を持っていれば、子どもの発言したことを教師が言い直したり、小さくて聞こえない声で言っていても「いいよ」とＯＫしたりすることも、なくなるでしょう。

辞典を引いた子どもには、みんなに伝える責任があるから、しっかりとはっきり読み上げなければならないし、聞いている子どもたちは、わかるまでしっかりと聞き取るという自覚にもなることでしょう。

二人の、言い方も声も違う子どもたちに一回ずつ読ませるというところがポイントです。

続いて、別の国語辞典を使う学習。

同じ三年生の説明文に「ざいりょう」という言葉が出てきます。

光村の辞典では、「ものを作るもとになるもの。できあがったとき、元の形が残っている場合を言う。元の形が残っていない場合は『原料』という。」と、書いています。

集英社の辞典では、「加工して物を作るときのもと」と、なっています。

どちらがいいだろうかと、聞き比べて吟味させるのです。

こういう学習をすると、必ず、いいかげんに聞いている子どもが出てきます。それを防ぐには、ノートを提出させるなりして、「今、そのときに聞き取って書く」ことを徹底させるのです。ミニテストにする方法もあるでしょう。

聞かざるを得ないところへ子どもを追いこまないと、聞くようにはなりません。

2 アニマシオン（本を使った聞き取り学習）――ダウトをさがせ

「アニマシオン」という手法があります。スペインの社会活動から始まったものだそうですが、本を使ってさまざまなゲームや活動をして、本の世界の可能性を広げるものです。

この手法を使って、聞き取る学習をします。

◆「ダウト」をさがせ

・子どもたちに「ダウト」の説明をします。間違いだと思った瞬間に「ダウト」と叫んで指名されたら、どこがどう間違っているかを答えます。指名されて間違えていたら、立ちます。その後三回、ゲームには参加できません。
・教科書の読み聞かせ教材を使ったり、民話や神話を使ったりすると、教科書から離れないで指導できます。

・子どもたちに文章を手渡し、自分で読ませます。短い文章ならば、数分間で何度も読み込ませます。少し長い文章になると、持ち帰って読み込ませるのもよいでしょう。子どもたちの実態に応じて変えていけばよいと思います。

・具体例をしめしましょう。

「かぶと虫」　新美南吉

I

お花畑から、大きな虫が一ぴき、**ぶうん**と空にのぼりはじめました。

からだが重いのか、**ゆっくり**のぼりはじめました。

地面から一メートルぐらいのぼると、横に飛びはじめました。

やはり、からだが重いので、ゆっくりいきます。うまやの角《かど》の方へ、のろのろといきます。

見ていた**小さい**太郎は、縁側《えんがわ》からとびおりました。そして、**はだしのまま**、ふるいを持って追っかけていきました。うまやの角をすぎて、**お花畑**から、麦畑へあがる草の土手《どて》の上で、虫をふせました。

とってみると、かぶと虫でした。

「ああ、かぶと虫だ。かぶと虫とった。」

と、小さい太郎はいいました。けれど、だれも、なんともこたえませんでした。小さい太郎は、兄弟《きょうだい》がなくてひとりぼっちだったからです。ひとりぼっちということは、こんなとき、たいへんつまらないと思います。

小さい太郎は、縁側にもどってきました。そしておばあさんに、

「おばあさん、かぶと虫とった。」

と、見せました。

縁側《えんがわ》にすわって、いねむりしていたおばあさんは、目をあいてかぶと虫を見ると、

「なんだ、がにかや。」

といって、また目をとじてしまいました。

「ちがう、かぶと虫だ。」

と、小さい太郎は、口をとがらしていいましたが、おばあさんには、かぶと虫だろうががにだろうが、かまわないらしく、ふんふん、むにゃむにゃといって、ふたたび目をひらこうとしませんでした。……

●Iを子どもたちが読んだ後、Iの文章を見せずに「まちがい文」を読んで、ダウトを実施する。

【まちがい文】

お花畑から、大きな虫が一ぴき、**ぴょん**と空にのぼりはじめました。

からだが重いのか、**さっさと**のぼりはじめました。

地面から一メートルぐらいのぼると、横に飛びはじめました。

やはり、からだが重いので、ゆっくりいきます。うまやの角《かど》の方へ、のろのろといきます。

見ていた**大きい**太郎は、縁側《えんがわ》からとびおりました。そして、**サンダルをはいて、**ふるいを持って追っかけていきました。うまやの角をすぎて、**大根畑**から、麦畑へあがる草の土手《どて》の上で、虫をふせました。

とってみると、かぶと虫でした。

「ああ、かぶと虫だ。かぶと虫とった。」

と、小さい太郎はいいました。けれど、だれも、なんともこたえませんでした。小さい太郎は、**両親**がなくてひとりぼっちだったからです。ひとりぼっちということは、こんなとき、たいへんつまらないと思います。

小さい太郎は、**学校**にもどってきました。そしておばあさんに、

「おばあさん、かぶと虫とった。」

と、見せました。

縁側《えんがわ》にすわって、**作業**していたおばあさんは、目をあいてかぶと虫を見ると、

「なんだ、**がに**かや。」

といって、また目をとじてしまいました。

「ちがう、かぶと虫だ。」

と、小さい太郎は、**口をふるわせて**いいましたが、おばあさんには、かぶと虫だろうが**がに**だろうが、かまわないらしく、ふんふん、**ぷりぷり**といって、ふたたび目をひらこうとしませんでした。……

よく聞かないと、ダウトは見つけられないので、子どもたちの聞いている集中度は、半端ではありません。

子どもたちの多くは、案外、短時間でこの程度の文章は頭に入れてしまいます。

しかし、なかなか頭に入らない子どもたちもいます。その子たちのために、続きの文章はその日に渡して、次の日に続けてダウトをすることを予告します。じっくりと読んで覚えてくる時間を与えるのです。

3　発表学習のときにどう聞かせるか

発表学習のときに、聞いている子どもたちに緊張感を持たせるには、一人一人に聞きながら発表の評価チェックをさせればよいと思います。

僕は、国語や社会の発表をするときには、グループの発表の仕方を、子どもたちに「発表の評価チェックカード」を使って評価させます。個人を評価すると、うまくできなかった子どもたちは、個人攻撃されたように感じてしまうかも知れません。しかし、グループとしての評価ならば、そういう点はクリアされます。

発表の評価チェックカード

スピーチ　　得点表　二年生 10点　　5点　　2点　のどれかをつける		
立ち方	せすじをのばして立つ	
	ものにもたれない	
	かたの力をぬいている	
	下をむかない	
声	はっきりとした声で話す	
	口がしっかりあいている	
	ゆっくり話せた	
	メモは見ないで話せた	
その他	はじめとおわりに、れい	
	話がわかりやすかった	
	合　計	

そして、僕の採点と自分たちの採点とを比較させて、どういうところを聞いていたらよいのか、

考えさせるようにしています。

話し方を採点することで、子どもたちの聞き方が変わっていきます。さらに、自分の話し方にも影響が出てくるようになります。

4　作文指導とからませた聞く学習

次は、作文指導と聞く指導を融合させた学習について示します。

① 「先生が」「はじめに」と書いた原稿用紙を配ります。

② ？マークのついた箱を取り出して、何が入っているかと、考えさせます。

（箱には、想像もつかないようなものを入れておきます。）

③ 「はじめに」に続けて、先生のヒントを聞いて想像したものを書きます。

例えば、先生が、

「にょろにょろで細長いものを出します。」

と言うと、子どもたちが

「はじめに、先生が、へびのおもちゃを出しました。」

「はじめに、先生は、ロープを出します。」

などと書きます。

実際に取り出した物は、ゴムホースでした。

このようにして、先生がヒントをできるだけ細かく言って、子どもたちがそれを想像して「次に、……を取り出しました。」「そのまた次には、……を取り出しました。」「最後には、……を取り出しました」というように、書いていきます。

④　最後に、自分の感想を書かせます。

これで一つの作文ができあがります。順序通りに書いていく練習になるわけです。

5　音読の仕方を聞き比べる

子どもたちが文章をどう音読するべきかというようなことは、読解と直結することで、よく行われていることです。

ここでも、視点を「聞くこと」において、考えてみましょう。

二年生の有名な教材「スイミー」の一節、倒置法の表現を考えるところです。実際の授業の流れをそのまま示します。

「そのとき、岩かげにスイミーは見つけた、スイミーのとそっくりの、小さな魚のきょうだいたちを。」

この一文を、音読した後、

「この文章、なんか変じゃないかな。」

と、問いかけます。子どもたちはいろいろ考え合って、「さかさまになっている」ことを見つけ出しました。

さらに、どうしてさかさまに書いたのかを考えました。

「どうしてさかさまに書いたのでしょうか。谷川俊太郎さんが書き間違ったのかな。」

「そんなはずないよ。でも、どうしてかなあ。」

子どもたちに課題意識ができたところで、二つの文を提示します。

A「きょうは、がんばったね。」

B「がんばったね、きょうは。」

AとB、それぞれ「がんばったね」と「きょうは」のどちらを強く読めばいいのかを考え合いました。でも、二年生にはとても難しい課題で、なかなかわかることではありません。

そこで、先生が二つの文を読み聞かせました。そして、どうしてBは「がんばったね」を強く読むのかを考えさせたのです。子どもたちは一生懸命に聞いて、微妙なニュアンスについて考えていきました。

「先生、もう一度読んでください。」

先生は、ただ音読するだけ。子どもたちは二つの読みを聞き比べているうちに、倒置することによって、言いたいことの方を強調しているのだと分かっていきました。
そして、もう一度本文にかえって
「そのとき、岩かげにスイミーは見つけた、」という部分と、「スイミーのとそっくりの、小さな魚のきょうだいたちを。」の部分のどちらを強く読むのがよいのか考えて、練習しました。
これも、ふだんの当たり前の国語学習なのですが、聞くことの比重をちょっと重くして、教師の音読を聞くことで理解させる学習にしているのです。

6　クラス全員が「音読マイスター」になる

僕のクラスでは、いろいろなジャンルで「マイスター」というものがあります。マイスターというのは、元々ドイツで技術の優れた人に与える称号で、大学の学士と同等の値打ちのあるものだと言われています。これに、「マイ・スター」、つまり「自分の光り輝くところ」という意味を重ねて、「そうじマイスター」や「字マイスター」「作文マイスター」「サッカーマイスター」など、子どもたちの優れたところを認めています。

「音読マイスター」は、音読の合格者です。ほかのマイスターと少し違っているのは、優れた子どもが認められるのではなく、全員がマイスターにならなければならないというところです。

教材文によって読み方は少し違いますが、低学年では、ともかくまず、すらすらと読めることをめあてにしています。全員がすらすらと読めてから、詳しく読み取っていくようにしています。

まず、初読の段階で、各自がすらすらと読めるように音読練習をします。

そして、僕のところにやってきて、順番に全文の音読を聞いてもらいます。僕は厳しい聞き方をして、簡単には合格を出しません。

やっと合格できた子どもを「音読マイスター」に認定して、教科書にシールを貼ります。

僕は五人までしか合格を出しません。そこからは、まだ合格していない子どもたちは、音読マイスターに聞いてもらって、音読マイスターに認定できるかどうかを判断してもらいます。

つまり、音読マイスターになった子どもは、他の子どもの全文音読を聞き切って、音読マイスターの合格を出すのです。マイスターになった子どもたちには、厳しく聞いて、簡単には合格を出さないように指示しておきます。

教室のいろいろな場所で、真面目な顔で友だちの音読を聞いている子どもたちの姿が見られます。音読の苦手な子どもは合格するまで何度も練習しなければなりませんし、得意な子どもは、友だちの音読を聞き切る練習になるわけです。

第9章

「聞く」だけで子どもが変わる絵本の読み聞かせ

僕は「本の教育」ということを主張しています。本には、子どもたちの考え方を変える力があります。本の中には、心を揺り動かす言葉があります。

本を読んでもらうことは、聞いているだけで心を育てる時間になるのです。

特に絵本は、読んでもらうように作られた本です。子どもたちは、絵を見ながら、先生の読みを聞き、想像力を働かせます。何よりも、絵本を読んでもらうということは、とても楽しいことなのです。無理なく聞くことができるのです。

しかも、絵本は短時間で読み切れるものが多いので、時間をかけないで子どもたちにメッセージを伝えることもできます。

1　読み聞かせだけで聞き入らせることができる

「読み聞かせ」という言葉があります。読み聞かせは、じっと聞き入る状態を作ります。学級が何かでもめていても、落ち着かない状態であっても、絵本の読み聞かせをすれば、子どもたちは、まちがいなく集中して「聞く」状態になります。

僕は、各地で講演したり、セミナーで語ったりするときに、必ずと言っていいほど、絵本をみなさんに読み聞かせします、先生方や保護者のみなさんに。

大人は絵本を読み聞かせしてもらう経験は少ないのですが、実際に読み聞かせを体験すると、絵本を読んでもらうことのすばらしさが改めて分かるようです。

実際、僕が本の講演をした学校では、そのときに読んだ本を購入して、各教室で読み聞かせしてくださるようです。その結果、図書室の貸し出し数が飛躍的に伸びたという学校もあります。

僕のように特別な朗読の技術のない人間であっても、それだけ効果があるのです。

ともかく、まずは子どもたちに絵本を読み聞かせしてみてください。聞き入る子どもたちの姿を実感してみてください。

2　学級教育の目標とつなげて絵本を選ぶことが最大のポイント

絵本の読み聞かせの最大のポイントは、どんな本を選ぶかということにつきると思います。学級の教育に生きる本を選びましょう。

絵本を読み聞かせ続けると、その絵本の持つ空気や考えのようなものが子どもたちに染み渡っていき、学級のバックボーンになっていくのです。

明るい楽しい学級づくりをめざしているのならば、読み聞かせただけで笑いが生まれ、元気があふれてくるような絵本がいいでしょう。

友だちの大切さを思い、いじめのない学級をめざすのならば、いじめの実態をうたい、いじめの非人間性をあらわにする絵本や、仲間を大切にすることの意義を伝えてくれる絵本があります。

弱者もふくめて人を大切にする子どもたちを育てるのなら、弱い立場の人の思いに気づかされたり、障碍《しょうがい》を持つ子どもの姿を描いた絵本を選べばよいのです。

ただ読み聞かせるだけで、教師の代わりにいろいろなことを伝えてくれる絵本たちを、活用していきましょう。

3　子どもが聞き入る絵本たち――1年生～6年生、保護者

実際に、子どもたちが聞き入る絵本を示しましょう。

絶対に子どもたちが聞き入る本、そして、教育に生かせる価値を持った本を選びました。学年は一つの目安であって、下の学年で紹介している本は、それよりも上の学年でも十分に読み応えがあります。（高学年の本を低学年でも……というのは、難しいところがあります。語彙が少ない低学年の子どもたちでは、理解しきれない言葉があるからです。）

◆一年生

『王さまと九人のきょうだい』（君島久子訳、赤羽末吉絵、岩波書店）

不思議な生まれ方をした九人の兄弟たちは、おもしろい名前と特徴を持っています。

きってくれ・ながすね・ぶってくれ・はらいっぱい・みずくぐり……。

無理難題を押しつけてくる王様に対して、順番に出て行っては、王様をぎゃふんと言わせる大活躍をするのです。

おもしろい絵本は、何回読んでも子どもたちが読んでくれとせがみます。

「次は『きってくれ』だよ。」

「今度は『ぶってくれ』が出てくるんだ。」

と、何度も聞いて知っているのに、次が分かっているのに、それが楽しくて仕方ないのです。

『よかったねネッドくん』（レミー・シャーリップ文・絵、やぎたよしこ訳、偕成社）
この本は、英語と日本語がミックスされて書かれています。
子どもたちと読むときは、動作を付けながら
「アンフォーチュネトリイ！」
と大声を出して読みましょう。一体感が生まれます。
繰り返しの楽しさ満載の絵本です。

『ぜったいあけちゃダメッ！』（アンディ・リー作、ヒース・マッケンジー絵、林木林訳、永岡書店）
子どもたちとコミュニケーションしながら、一緒に楽しむ絵本です。妖怪が本のページを
「あけちゃダメ。」
と何度も頼むのですが、開けるのがおもしろくて、子どもたちは
「開けるよ！」

「開けて開けて。」

と大騒ぎです。

『コッケモーモー！』（ジュリエット・ダラス・コンテ文、アリソン・バートレット絵、たなかあきこ訳、徳間書店）

鳴き方を忘れてしまったオンドリは、「コッケブーブー！」、「コッケメーメー！」と、他の家畜たちの鳴き方をしてしまい、みんなの顰蹙をかってしまいます。

ところが、ある晩、寝静まったニワトリ小屋のまわりで何やら不穏な物音がするのです。キツネがニワトリたちをねらって現れたのでした。

オンドリは、「コッケモーモー！」「コッケブーブー！」……と、大騒ぎして、みんなが集まってキツネを追い払ってしまいます。

子どもたちと「コッケモーモー！」の読み方を一緒に声出ししてから読むと、ページをめくる度に子どもたちが声をそろえて「コッケモーモー！」「コッケブーブー！」……と叫んでくれます。

◆二年生

『パパとママのたからもの』（サム・マクブラットニィ文、アニタ・ジェラーム絵、小川仁央訳、評論社）

三匹の兄弟熊たちへの親熊の愛情が描かれています。

みんなそれぞれ違っていて、だから、みんなが宝物なんだよというメッセージは、兄弟で自分だけ疎外されていると勝手に思い込んでいる子どもたちを、励ましてくれるでしょう。

父親参観などで読み聞かせするのも、良いでしょうね。

『ごめんやさい』（わたなべあや絵、窪田愛文・企画編集、ひかりのくに）

学校を一カ月休むことになった先生がいました。復帰するのがとても不安でした。子どもたちは自分を受け入れてくれるのかどうか。

僕はこの本を渡して

「初日に子どもたちにこの本を読んで、最後に『先生も休んでごめんやさい』と言ってごらん。」

と言いました。その通りにしたら、子どもたちは「いーよー！」と言ってくれたそうです。

ユーモアのある絵本は、人を救いますね。

『おとうさんだいすき』（司修作・文・絵、文研出版）

この本のサブタイトルには「新のりもの絵本」と書かれています。

「えっ、乗り物？」と思うかも知れませんが、読み始めるとその意味が分かってくるのです。

こういう絵本は、お父さんのいない子どもにはしんどいからやめた方がいいという意見を時々聞きますが、では、お母さんのいない子どもにはお母さんが出てくる絵本は全て見せないようにするのでしょうか？

僕は父親がいませんでしたから、「父さん」という言葉には人一倍心に響くものがありました。父さんのイメージを父さんの詩や物語から作っていったものです。父さんの話は父さんのいない子どもにこそ、必要なのだと思います。

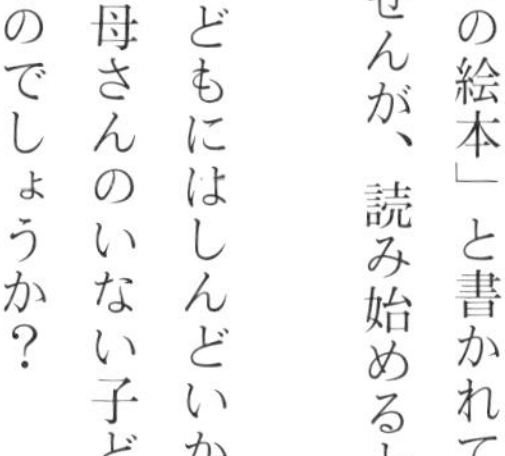

『カピバラのだるまさんがころんだ』（中川ひろたか作、柴田ケイコ絵、金の星社）

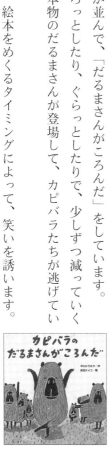

六頭のカピバラたちが並んで、「だるまさんがころんだ」をしています。

繰り返すうちに、よろっとしたり、ぐらっとしたりで、少しずつ減っていくのですが、最後に突然本物のだるまさんが登場して、カピバラたちが逃げていくというお話です。

単純な話なのですが、絵本をめくるタイミングによって、笑いを誘います。

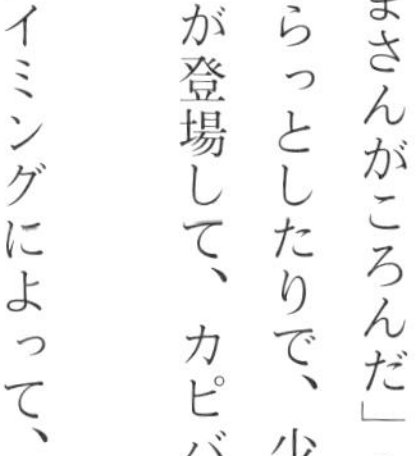

教室のムードをがらりと変えてしまう楽しい絵本です。

◆三年生

『もぐらとずぼん』（エドアルド・ペチシカ文、ズデネック・ミレル絵、うちだりさこ訳、福音館書店）

ディズニーのアニメのような絵で、子どもたちの親しみやすい絵本です。

ポケットのついたズボンがどうしても手に入れたいもぐらくん。

しかし、どうやって作ったらいいかわかりません。いろいろな動物や虫、植物たちに聞いて回ります。

何度もうまくいかなくて、困ったり、泣いたり……。でも、そのたびにいろいろな動物たちに助けられるのです。

どうしてそんなにズボンづくりが難しいかというと、繊維を植物からとるということから始めるからなのです。コウノトリに繊維をくだいてもらい、ハリネズミの背中ですいて、こけももに青く染めてもらって……。

こがねむしの合図に合わせてアリたちもがんばります。

たくさんの生き物の力を借りて、ひとつのものが作り出されることを、子どもたちは、楽しく学んでいきます。

チェコスロバキアで生まれた素敵な絵本です。

『ぞろりぞろりとやさいがね』（ひろかわさえこ作、偕成社）

無駄にされて腐った野菜たちが、妖怪になって人間に復讐しようとします。ところが、そこに現れたのは……。

植物が腐って、それが土に還り、その土を虫たちが育てるという自然の摂理を描きつつ、野菜の気持ちになって無駄にしないことの大切さも学べます。

一見怖そうで実はユーモアにあふれた絵本で、楽しく読めます。

『じゃない！』（チョーヒカル作、フレーベル館）

「これは、きゅうり。」

「・・・じゃなくて、バナナ！」

「これは、みかん。」

「・・・・・・じゃなくて、トマト！」

絵だからこそ表現できる世界ですが、何かを決めつけて見ないで、自由に想像して考えることを教えてくれる楽しい絵本です。

『もうじきたべられるぼく』（はせがわゆうじ作、中央公論新社）

「ぼくはうしだから、もうじきたべられる」という運命を受け入れたぼくが向かったのは、お母さんのところでした。

遠くから幸せそうなお母さんを見ていたぼくは、お母さんの幸せに水を差すと考えて黙って去っていこうとします。しかし、ふとした気配を気づいたお母さんが、走って列車を追いかけるのです。

ただ単に牛肉を食べている子どもたちに、命をいただいているのだということを伝えてくれる絵本だと思います。

◆四年生

『すみれ島』（今西祐行文、松永禎郎絵、偕成社）

今西祐行さんは講演で

「私の作品には、どこか戦争の思いを引きずっています。」

とおっしゃったことがあります。

そのど真ん中にあたるのがこの作品です。すみれの花を摘む子どもたちの健気さが、作品の悲しさを一層引き立たせます。

私たちは、このようなことを繰り返してはならないという思いを強く持

たせる絵本です。

『これは本』（レイン・スミス作、青山南訳、ＢＬ出版）

この絵本は、本というものの本質を描いています。

本とスマホの違い、テレビとの違いをユーモラスに語ります。

とらえ方は本好きと本に興味の薄い子どもとでは、大きく違っています。

本って、読み聞かせする相手によって、とらえ方が違うということですね。

『はらすきー』（あきやまただし作・絵、講談社）

のらいぬたちが食べ物をストックしていた秘密の場所へ太ったハスキー犬、はらすきーを招待したケン。

でも、はらすきーは、そこの食べ物をを全部食べてしまいました。

怒ったのらいぬたちは、はらすきーに出ていけと叫びます。

行くところのないはらすきーは、何も食べずに町のはずれでやせほそっていきました。

やさしさって、何なのか？　正しいことって、全てに優先するのか？　そうした課題について考えさせてくれる絵本です。

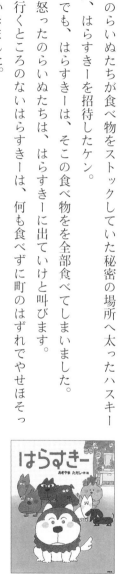

『1まいのがようし』（長坂真護作、あかね書房）

貧しい村で働いて一日に1ガーナセディをかせぐ子どもたちの前に現れた男は、一枚の画用紙を1ガーナセディで買ったら、絵の描き方を教えると言います。

それを買って絵の描き方を教えてもらった少年たちは、ていねいに描いた絵が10ガーナセディで売れました。こうして、少年は絵をどんどん描いていくようになるのでした。

作者の長坂さんは、電子ゴミの町（先進国が捨てた電子機器を燃やす町）として有名なガーナのアグボグブロシーを訪れて、その実態を絵の力でなんとかしようと考えました。そうした背景も一緒に話して、子どもたちに考えてもらいましょう。

◆五年生

『ビロードのうさぎ』（マージェリィ・W・ビアンコ原作、酒井駒子絵・抄訳、ブロンズ新社）

誰にでも幼い頃に大切にしていた物ってありますよね。思い出してみましょう。

いつの間にか、どこかへ行ってしまったけれど幼い頃の自分の心にしっ

かりとあった物ってないですか。

ビロードのうさぎはそういう「物」だったのです。

この本を読むと、こんなふうにして思い出の品は消えてしまうんだなあと思わされます。

『おじいちゃんがおばけになったわけ』（キム・フォップス・オーカソン文、エヴァ・エリクソン絵、菱木晃子訳、あすなろ書房）

おじいちゃんは成仏せずに、お化けになって現れます。何が忘れ物なのかを一生懸命考えるうちに、さまざまな思い出がよみがえってきます。そして、一番大切なことを思い出すのです。

哀しい話ではありません。人には本当に大切な事があるんだなと考えさせられる絵本です。

『けんちゃんのもみの木』（美谷島邦子著、いせひでこ絵、BL出版）

御巣鷹山の飛行機事故で大勢の人たちが亡くなってから、三十七年以上たちました。

そんな事実があったことは風化していきますが、そこで亡くなった人たちを思う親族の気持ちは全く風化してはいきません。そのお一人、美谷島邦子さん

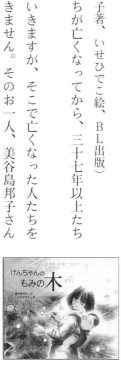

の言葉をもとに、伊勢秀子さんが絵をつけた美しく心動かす絵本です。

子どもたちと命の尊さを考えるのに、適した絵本だと思います。


『ぼくはいしころ』（坂本千明作・絵、岩崎書店）

町の中で一人で暮らす野良猫。声を出すことは危険だからと、声をあげずにいつも黙っていました。

でも、あるとき、

「こんばんは」

と声をかけてくれる人間が現れて、少しずつ心がとけていくのです。

そして、しまいこんでいた自分の本当の気持ちを大声で叫び始めるのでした。

いろいろ考えて黙ってしまう子ども、声をあげられない子どもに、心から言葉を出してごらんと呼びかけているような絵本です。

◆六年生
『水曜日の本屋さん』（シルヴィ・ネーマン文、オリヴィエ・タレック絵、平岡敦訳、光村教育図書）
水曜日ごとに一冊の本を読みにくるおじいさん。
それは戦争の本でした。涙をこぼしながら読む姿に疑問を持つ少女。

そのわけは語られないけれども、なんとなくその本へのおじいさんの思い、戦争への思いというものは伝わってきます。

本って人間にとってたくさんのものが詰まっていて素敵だなあと思わされる絵本です。

『わたしのそばできいていて』（リサ・パップ作、菊田まりこ訳、WAVE出版）

LDだろうと思われる子ども。

音読しようとしても笑われたり周りが気になったりしてうまくいきません。

ある日、図書館へ行くと、黙ってそばで聞いていてくれる暖かいふわふわの友人に出会えました。心があったまり、かつ、LDに対する理解も深められる一冊です。

『私はネコが嫌いだ。』（よこただいすけ作・絵、つちや書店）

ある日子どもが拾ってきたネコ。

仕事のじゃまはするし、そこらじゅうを汚すし……本当にネコなんか大嫌いだという親父さん。

でも、だんだんと弱っていって、最後に自分の膝によじ登ってきて、つぶらな瞳で見つめてきて、そして、命を終わらせたネコに、親父さんは、涙を抑えることができませんでした。

生き物を飼っている、または、飼っていた子どもたちにはストレートに響く絵本でしょう。

『二番目の悪者』（林木林作、庄野ナホコ絵、小さい書房）

王様を選ぶというときに、誰にでも優しく心の美しいライオンの人気が高かったので、金にばかり目のいく金のたてがみのライオンは危機感を持っていました。

そこで、金のたてがみのライオンは人々に優しいライオンの悪口を言いふらすのです。最初はだれも信じなかったけれど、だんだんと噂が広がって、ついに優しいライオンが本当はひどいやつだということになってしまいました。

そうして王様に選ばれた金のたてがみのライオンのおかげで、国はぼろぼろになってしまいました。

はたして、悪者は噂を流した張本人だけだったのでしょうか。

◆保護者にも

保護者会で絵本を読むということを、ときどきしています。僕の伝えたいことを絵本というものを通して、保護者のみなさんに伝えていくのです。下手な話よりも、よほどちゃんと聞いてくれるものです。

プリントに書いてある行事予定を順番に読んでいくのとは違った保護者会になります。

『はやくはやくっていわないで』（益田ミリ文、平澤一平絵、ミシマ社）

子どももそれぞれにはそれぞれの思いとペースがあるのに、大人は待ってはくれません。

せかされて苦しむ子どもの心の中を、独特の子どもが描いたような絵が表現しています。

僕は親塾というものを主宰していますが、この絵本を読み聞かせすると、お母さん方は皆さん涙を浮かべられます。

分かってはいるけれども、ついついせかしてしまっている自分に、子どもの思いをつきつけられるからでしょう。

『あおいアヒル』（リリア作、前田まゆみ訳、主婦の友社）

アヒルはある日、ワニの赤ちゃんと出会います。どこにもお母さんワニの姿はありません。仕方なくアヒルは赤ちゃんワニを大切に育てるのです。

赤ちゃんは大きな立派なワニになりましたが、アヒルはしだいにいろいろなことを忘れるようになっていきました。でも、ワニはそんなアヒルを大事に大事に扱うのです。自分が育ててもらったように。

認知症の問題はいまや世界中の課題ともなってきました。保護者のみなさんにも他人ごとではなくなってきているかもしれません。そんなみなさんに、この一冊を薦めてみましょう。

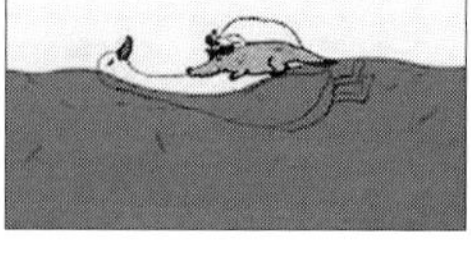

第10章

「聞く」ルールのある学級づくりをする

第3章のところで、教師が守るべき学級のルールについて述べました。

ここでは、子どもたちに守ってほしい「聞く」ルールの話をしましょう。

1　クラスの仲間が「伝えたい相手」になりうるか

何の手立ても打たずにふつうの学級経営をしていたら、子どもたちにとってクラスの仲間は決して「伝えたい相手」にはなりません。

自分の思いを伝えたくなる仲間づくりができないと、クラスの仲間は、前に述べた「クラスにいる他人」になるだけです。

どんなときに伝えたくなくなるかを考えてみましょう。
・何か発言したときに、ざわついて聞いていない。

・前向きなことを言っているのに、「なんやそれー」とか「いいかっこうするな」などといった否定的な反応が返ってくる。
・発言に対して、なんの反応もしてくれない。
・発言を途中でさえぎって言葉を発したり、関係のないことを言い出したりする。

こんなことをされたら、子どもたちはクラスでまともな発言をしようとはしなくなります。ですから、こういうことが起こらないように、学級のルールを作ればいいのです。

(1) 友だちが発言しているときは、静かにする

これはとても難しいことで、若い先生にはなかなか指導できないことでもあります。つぶやきも大切なことなので、絶対に黙って聞いていなければならないというと、独裁国家みたいな雰囲気のクラスになりかねません。

せめて、友だちが話しているときだけは、黙っていようよということを徹底することです。友だちが話しているのに静かにしないときには、少しこわい顔をして、怒っていることを表現することも、必要になってきます。

だいたい、教師自身が静かなムードを壊してしまうことも多いので、気を付けなければなりません。

(2)　発言に文句をつけない。意見があったら、ちゃんと反論する

受け止め合うことを掲げているクラスで、子ども同士の否定的な発言が行われていたのでは、話になりません。友だちの発言には一切文句をつけさせないことです。

そして、発言に対して意見があれば、手をあげて発表するように指導します。

実は、全国のすべてのクラスで、先生方はそうなるように努力しているのです。なのに、なかなかそうは、できません。

ここも、否定的な発言を一つ一つ叩き潰していくという、教師の断固たる気持ちが要りますし、あきらめずに一つ一つ対応し続けるという根気も必要なのです。

(3)　良いと思った発言には、拍手で支持する

聞くときに反応することが大切だと述べてきました。クラスのルールとして取り上げるならば拍手することがよいと思います。何度か拍手の練習をしたら、そのうち、自然と拍手がわきおこるようになっていきます。そうなったら、クラスは「聴き合い」に近づいていると考えてください。

(4)　人の話は最後まで聞く

子どもたちの中には、ちゃんとした発表はしないくせに、人の発表のときに座ったまま勝手な発

言をしたり、人の話もろくに聞かないで自分の思ったことをどんどん言い出す子どもがいます。こういう子どもたちの雰囲気が広がったら、学級は崩壊へ一歩舵を切っていると考えた方がよいでしょう。特に、こういう発言は、教師が前に立っているときよりも、子どもが前に立って司会をするときによく起こります。

僕のクラスでは、高学年でのこういう不規則発言を

「雑音」

と呼んで、無視するように指導しています。子どもたち同士では、教師のようにケースバイケースで不規則発言を取り扱うことなどできません。取り上げさせないことが一番です。

2 クラスの仲間が、互いに「伝えたい相手」となる手立て

学級のルールを作ったら、徹底して守らせていくことです。それによって、「クラスの仲間に聞いてもらえる」という気持ちを持つようになっていくのです。

ところで、聞くことには、意志が大きく関係していると、言い続けてきました。ルールは形式ですから、それだけでは、本当の意味での「聞いてもらいたい」仲間になっているとは、言えません。クラスの子どもたちがみんな、心から「仲間の話を聞こう」という気持ちにならなければ、どうしても伝えたいという気持ちだって生まれません。

伝えたい、聞きたいという心を育てるには、話し合いをするときに、意味のある議題だけを持ち込むことです。大したことでもないこと、自分たちの関心も興味もあまりわかないこと、そんな議題を取り上げていくら話し合いをさせても、子どもたちの心は動きません。お互いの意見を真剣に聞こうとはしないでしょう。

話し合いをするときは、いつも真剣にならざるを得ないテーマにするべきです。

「どうすれば授業に遅れなくなるか」とか、「電車でのマナーについて」などは、子どもたちの生活に密着はしているけれども、実はそんなに関心の高いことではありません。教師の関心が高いだけのことです。そんな議題で話し合いをしても、結果は見えています。子どもたちもそんなことはよく分かっています。ですから、話し合いのときに、真剣に聞かなくなるのです。

「学級クリスマス会をしよう」とか「ドッジボール大会のルールを考えよう」といった議題ならば、子どもたちの関心もとても高くなります。そういう、子どもの心に沿った議題を見つけていきましょう。

また、子どもたちが話し合いで決めたことは、絶対にその通りにしましょう。教師はときどき、子どもたちに話し合いをさせておいて、自分（学校）に都合の悪い方向へ話が進んでいくようになったら、介入して、

「それはだめです。」

と言ったりします。

教師の認める範囲でしか決められないならば、子どもたちは教師の意図を考えながら話し合いをするようになります。そんな話し合いでは、子どもたちは本気になれません。

初めから、

「この議題については、君たちが決めた通りにいくよ。」

と言える議題を示すことです。

さらに、議題が子どもたち自身の切実な訴えから出てくるようになれば、クラスはもっと充実してくるでしょう。

本気の話し合いから、本気の「聴き合い」が生まれるのです。

この議題は君たちが決めた通りにいくよ
ドッジボール大会のルールを考えよう

第11章

「聞く力」はこうして評価しよう

1 「聞く力」の評価の難しさ

これまでも述べてきたように、「聞く」ことを評価しようとするとき、外側から客観的に判断するのは難しいものです。

聞いた後、文章を書かせて評価しようとする場合があります。何かを書かせる場合、表現能力のあるなしに左右されるから、絶対的な「聞く」力の評価にはつながりにくいと思います。よく聞いているのに、そのことをうまく表現できないということもあるのです。

書かせるときは、表現能力のそれほど必要とされない形で、つまり簡単に書くことで評価できるようにしなければ、本当の聞く力はわかりません。

2 「聞く力」の評価の具体的な方法

(1) チェックリストを使う

チェックリストに○をつけるようにすれば、簡単に評価できます。チェックリストで自己評価させることが「聞く」ことの評価の中心になると考えています。

自己評価というものは、絶対評価とは言えません。成績をつけることには適していないと思います。けれども、子ども自身が評価していくと、「最近僕の聞き方は、よくなってきたなあ」とか「私の聞き方のこの部分が、まだまだだと思う」などと、自分の成長を実感できるわけですから、自ら学ぶ子どもを育てることにもつながる、大切な評価の方法なのです。

次ページに、僕の作った「学年別自己評価の表」を紹介します。

学年別自己評価の表

学年	自己評価の観点	きょうの自分をふりかえってみよう
1・2年生	①先生の顔を見て話が聞けた。	1・2・3・4・5
	②大事なことが分かった。	1・2・3・4・5
	③相手の顔を見ながら話が聞けた。	1・2・3・4・5
	④最後まで話が聞けた。	1・2・3・4・5
3・4年生	①相手の顔を見ながら話が聞けた。	1・2・3・4・5
	②うなずきながら話が聞けた。	1・2・3・4・5
	③相手の言いたいことが分かった。	1・2・3・4・5
	④話し相手に質問ができた。	1・2・3・4・5
5・6年生	①相づちをうちながら話が聞けた。	1・2・3・4・5
	②親しみのこもった態度で話が聞けた。	1・2・3・4・5
	③話し相手に質問ができた。	1・2・3・4・5
	④同意できることには、うなずきながら話が聞けた。	1・2・3・4・5
	⑤話している相手の気持ちを考えて聞けた。	1・2・3・4・5

(2) 何かを聞いた後、すぐに反応できたかを評価する

例えば、77ページの「聞いてＱ」のように、質問をして答えを書くこともそうです。

また、「聞き取りゲーム」として89ページの「落ちた落ちた」をしたとき、「雪が落ちた」と聞いて、手のひらを上に向けて雪を受け止める動作をしたらＯＫで、頭に手をやって防ぐ動作をしたら×というのもそうです。

聞いたかどうかの判断を子どもの行動で判断するのです。

(3) 「聞く」ことに関するカルテを作る

「聞く」ことの評価は難しいものですから、積み重ねないと、子どもの「聞く力」は見えてきません。カルテを作って、教師の主観的な評価、子どもの自己評価、書いたものから診断できる「聞く力」などを書き込んでいくと、子どもの聞く力の現在と過去が見えてきます。

ただ、常に考えておかなければいけないことは、聞くことは、子どもの体調やそのときの状態によって、大きく変わることであるということです。ある一時だけの評価ではなく、少し長いスパンで見ていくことをしないと、正しい「聞く力」は評価できないのです。

143、144ページに、僕が以前、低学年の一学期に作ったカルテの一部を載せました。参考にしてください。

聞くことについてのカルテ

児童名								
聞き方の特徴	特に問題を感じない子どもについては、記載なし。							
聞き入る	読み聞かせの時に △手作業やきょろきょろ ○じっと聞き入る。	四・五月						
		六・七月						
聞き取りゲーム	聞き取れずに聞き直す。文章を聞き取れるかどうか。	四・五月						
		六・七月						
聞き返し 聞き直し	△正確に聞き取れていない。 ○聞き取れる。 ◎聞き返しができる。							
聞き分ける	○しっかり聞き分けられる。							
子どもの変化・分かったことなど	顕著なものだけを記録							

聞くことについてのカルテ（記入例）

児童名			A君	B君	C君	Oさん	Eさん	Fさん
聞き方の特徴	特に問題を感じない子どもについては、記載なし。		少し難聴の疑い	集中してじいっと聞こうとする。	「こういうことが言いたいんじゃないの」というやさしい聞き方ができる。	先生の話や友達の話は、ほとんど聞いていない。		ちょっとしたことですぐにパニックに陥って何も聞けなくなる。
聞き入る	読み聞かせの時に △手作業やきょろきょろ ○じっと聞き入る。	四・五月	○	○		△	△	○
		六・七月	○	○	○	△	△	○
聞き取りゲーム	聞き取れずに聞き直す。文章を聞き取れるかどうか。	四・五月	○	○	○	○	△	△
		六・七月				○	○	△
聞き返し 聞き直し	△正確に聞き取れていない。 ○聞き取れる。 ◎聞き返しができる。			○	◎	△		△ △
聞き分ける	○しっかり聞き分けられる。		△ △		△	△ △		
子どもの変化・分かったことなど	顕著なものだけを記録				ゲームのときは、よく聞ける。	聞き取りゲームはよくできる。	五月半ばから集中し始めた。	

このカルテの書き方について、少し説明しておきましょう。

①「聞き方の特徴」について

これは教師の観察によるものです。教師の主観が入りやすいものですが、こうやって記録にとどめていくと、単なる主観に終わらず、一つの子どもの見方になります。

難聴かも知れないと思っていたら、耳鼻科検診で耳垢穿鑿《じこうせんさく》だったという話もありました。お医者さんできれいにしたら、聞く態度がころっと変わったということもありました。

ただ単に一言で「この子は話を聞かない」と言い切るのではなく、こういう形で記録していこうとすると、子どもが聞かない・聞けないことの理由を考えたり、種類を考えたりするようになります。

②「聞き入る」ことについて

聞き入っているかどうかは、読み聞かせのときに見ています。読み聞かせに力を集中させているので、全ての子どもについてチェックすることはできませんが、読んでいるときに、きょろきょろしていたり、他の子に話しかけたり、立ち上がったりしている子どもはどうしても目に入ります。そういう子どもの状態をチェックしておくわけです。

③「聞き取りゲーム」の記録

ゲームをしているときに聞き直す子どもがいます。もちろんルール上ではだめなことですが、それがしだいになくなってくると、聞き取る力がついてきたということです。

カルテでは、四月五月頃と、六月七月頃に分けていきます。毎月のチェックまではできませんでしたが、二カ月単位くらいで見ていくと、変化がとらえられるものです。

ゲームで失敗する原因は聞くことだけとは限りません。ゲームの下手な人間もいるものです。ゲームの失敗の原因が聞き取れないことにあるかどうかは、他の項目のチェックと比較して考えましょう。

④「聞き返し」と「聞き直し」

これも教師の観察によるものです。聞き返したり聞き直したりするというのは、正確に聞こうとする意志の現れだと、とらえています。

⑤聞き分けることができているか

これは、聞き分ける学習を通して、子どもたちの状態を記録します。何人かの子どもの音読を聞き比べて、その読み方の正しさを考える、というようなときです。どちらが良いか悪いかではなくて、正しいか正しくないかです。この場合は、ノートに書かせて、できているかどうかを判断するわけです。

⑥「子どもの変化」・「分かったこと」

①の聞き方の特徴と同じような項目ですが、どう変化しているかということで気づいたことを記録していきます。カルテというものは、結果の評価ではなくて、今の子どもの状態を見ただけで分かる形にして、これからの指導に活かしていくものだと考えるべきです。

第12章 一人一人の子どもの聞く姿に、どう対応していくか

とても難しいことではありますが、子どもの聞く姿が良くなければ、教師はそのときそのときに適切な指導をしなくてはなりません。子どもたちの陥りやすい良くない聞き方のパターンをいくつかあげて、その対応の仕方について、考えてみましょう。

教育は、最後には個別指導が最も重要になるのですから。

1 話を聞く途中で何か思いつくと、そこから聞けなくなる子ども

話を聞いている途中で、何かの言葉や言い回しに引っ掛かると、自分の中で別の方向に脱線してしまう子どもがいます。

こういう子どもは何かに引っ掛かると、とたんに話を全く聞かなくなります。

聞くという活動は、意志を必要とすると言い続けてきました。この子どもの場合は、その「意志」

が弱いということなのです。誰かが話していることよりも、自分が引っ掛かったことの方が、重要になってしまうのです。ある意味では、自分をしっかりと持っているような気がしますが、それでは、学級の仲間と聞き合う子どもにはなれません。

その状態に陥った子どもがいたら、すぐに目につきますから、そばへいったり、指さしたりして、子どもが気づけるようにしてあげるべきです。

授業や話し合いを進めていく上では、めんどうなことではありますが、一人でも聞かない子どもは作らないという気概で、粘り強く指導するべきです。

2　話を聞き切らずに、思ったことをすぐ口にしてしまう子ども

どのクラスにも、必ず、二、三人はいるでしょうね。

そして、こういう子どもが、授業の流れを妨げて先生を悩ませるのです。

子どもの家庭状況やクラスでの立場によって変わるとは思うのですが、こういう子どもの多くは、欲求不満であることが多いようです。いつでもどこでも自分を受け止めてもらえているという実感を持っている子どもは、こういう形で表現することは少ないと思います。

「僕を見てください。注目してください。」

いつも、そういう感覚でいるのですから、話を聞き切るということは、とても難しいのです。

まずは、分かってあげることです。その子の思いを教師が受け止めることからしか、始まらないような気がします。分かったらすぐに変わるというような甘いことはありませんが、「分かってもらっている」という思いが芽生えれば、少しずつ聞けることが増えていきます。

3　「いわし聞き」してしまう子ども

いわしは、小さな口でえさをちょんちょんとつついて食べます。人の話に対して、このいわしのように部分だけをかじるように聞く聞き方を、「いわし聞き」と呼びます。

こういう子どもたちには、たとえ話で考えさせましょう。

「いわし聞き」に対して、「くじら聞き」という聞き方があること。「くじら聞き」は、人の話を全部まるごと聞いてしまう聞き方であること。そういう話を、くじらといわしの絵を描いて考えさせます。

そして、どうしたら「いわし聞き」ではなくて、

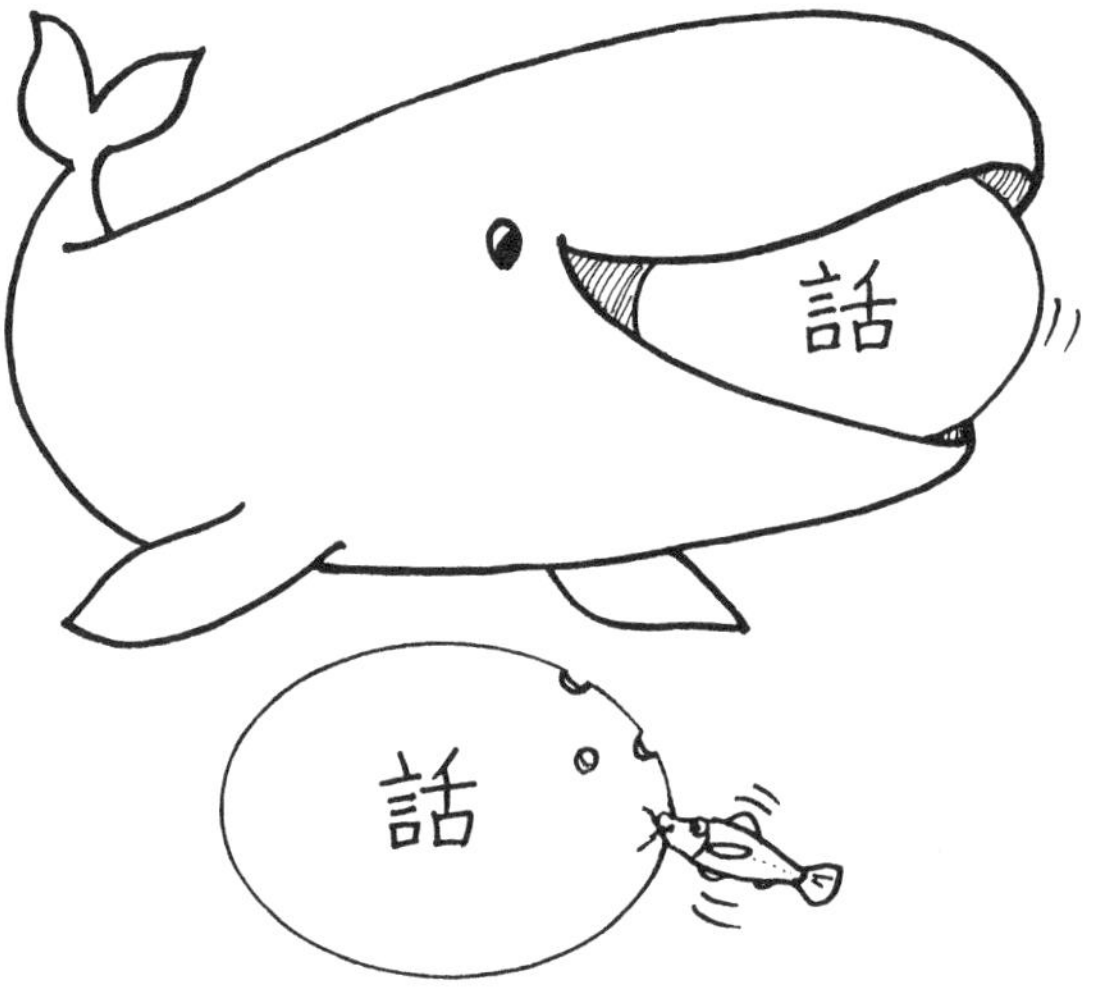

「くじら聞き」になれるのか、考えさせるのです。

子どもたちは、「最後まで聞き切ってから、手を挙げたり発言したりすることだ」というところに行き着きます。

それで全員が次の日から「くじら聞き」になることはありませんが、授業や学級会などの場面で、

「君は今、いわしになっているよ。」

「うーん。○○君、くじらの聞き方ができてるねえ。」

というように、指導していきます。

「聞き方が悪い。」

とか、

「話を全部、ちゃんと聞きなさい。」

というような言葉ではなく、いわしとくじらにたとえることで、子どもたちも考えやすくなります。

4　人に厳しすぎる聞き方をする子ども

これは子どもの個性と関わることではありますが、仲間の発言に対して、常に否定的なものの見方をしてしまう子どもがいます。

「やりたくないから、そんなこと言ってるんじゃないの。」

というような厳しい言葉で友だちを攻撃します。言い方が辛辣だというのは、聞き方から問題があるということです。こういう子どもたちの影響力が強くなると、学級のムードが悪くなっていきます。

低学年では、人にやさしい聞き方をしている子どもを取り上げて、その値打ちをきちんと示すことが良いでしょう。

「○○さんが言ったことを聞きましたか。

『△△君は、本当は別のことが言いたかったんじゃないかなあ。』

って、言いましたね。

△△君の気持ちを考えて聞こうとしているということですね。こういう聞き方がやさしい聞き方ですね。」

というような取り上げの繰り返しで、やさしい聞き方を少しずつ広げていくのです。

第13章

まず、教師が聞くこと

むかしは、いわゆる「聞けない」子どものことを
「集中力がないですね。」
の一言で語っていました。
しかし、いろんな観点から「聞くこと」を問い直しているうちに、「聞く」ことに関する思いもよらない面が見えてきたのです。つまるところ、教師自らがさまざまなバリエーションを持つことが大切なのだと考えています。

㋐ 聞き切る

子どものつたない言葉、不十分な表現に口をはさまずに最後まで聞くことが「聞き切る」ということです。子どもは教師の忙しいときに限って何やかやと言ってきます。教師としてはイライラすることもあります。

でも、そういうときにでも、きちんと向き合って話を聞いてくれる先生に子どもたちは安心し、信頼を寄せてくるのです。

㋑ 聞きとどめる

子どもから何かを聞いたらすぐに行動するというのは、最善策ではありません。事故やいじめのような案件はのんびり構えていられませんが、拙速な行動は結果的に良くないことも多いのです。緊急案件以外はノートなどに記録しておけばいいのです。次に同じような案件が出てきたときに前回のことと合わせて考えれば、いろんなことが見えてくるでしょう。聞くことはその場限りの出来事なので、残らないのです。だからこそ、記録をとっておかないとつながっていきません。

例えば、

「A君に意地悪言われた。」

と子どもが言ってきたときには、いろんな話をきちんと聞いて、表情をよく観察して緊急性がなければ

「そうか。それはイヤだよね。」

と思いを受け止めます。そして、

「今度同じようなことがあったら、すぐに言っておいで。」

と伝えておくのです。そして、それを必ず記録しておくことです。

次に同じ子どもにまた言われたとき、違う子どもたちに同じようなことを言われたとき、最初の記録とつなげて考えられます。そうすれば、より的確な指導ができると思うのです。

㋒ 聞きがける

「みんな、何でも言っておいで。どんなことでも聞いてあげるから。」

と言ってもらったら、全ての子どもが言いやすくなるものではありません。

教室にはいろいろな子どもたちがいるのです。

声の大きい（物理的な意味ではありません）積極的な子どもばかりではないのです。

なかなか先生に訴えていきにくい子どももいます。

個々の子どもに合わせて、ときには声をかけましょう。

「どうしたの。なんかあったのかな。」

聞くために声をかけるのです。

それが「聞きがける」ということですね。

また、日常で聞かなければ困る場をたくさんつくることも忘れてはいけません。聞く指導が定着してくると、クラスの子どもたちも、聞いていない友だちには、教えないことが親切だと考えるようになってきます。

「聞くこと」には厳しいクラスになっていくのです。

しかし、子どもたちに最も伝えたいことは、「聞くこと」が、人を大切にすることだ、「聞かない」のは、まじめに話している相手に失礼なことだ、ということです。そのことをいろんな話や学級づくりの場で意識づけていくことも、大切な「聞く」教育だと考えています。

一〇年前に僕はこう書きました。

ところで、僕が心の糧にしていることの一つに、ある子どもの言葉があります。

それは、一年生のときだけ担任した子どもの言葉です。二年生から六年生まで、学校で出会うと声をかけることはあっても、深い交流があったわけでもありません。

その子が六年生の時に、校内新聞の卒業生のコメントとして書いていた文章を読んだとき、僕は驚きました。

「多賀先生は、わたしが初めてちゃんと話を聞いてもらった先生です。」

そういう内容の言葉でした。一年生の子どもが、ちゃんと話を聞いてもらったという思いを、ずっと持ち続けるということです。

逆に言うと、

小学校の一年生相手でも、教師は一対一で人間としてきちんと話を聞かなければならない。

ということなのです。

この話につづきができました。

この子どもと再会したのは、それから三十年近く経ったときです。彼女は教育哲学者の苫野一徳さんの奥さんになっていました。

僕のことを覚えていてくれて、いつも話していたそうです。

あるとき、それが僕であると気づいた苫野さんと彼女、もう一人の教え子の従兄弟と一緒に会食して盛り上がりました。それが『問い続ける教師―教育の哲学×教師の哲学』（学事出版）という共著につながりました。

教師が子どもの声を聞くということは、長い人生にもつながっていったということです。

子どもに聞くことを教えるその前に、まず、教師自身こそが子どもの声を聞くようにするべきです。

出会ったその日から、教師の聞く姿勢に、子どもたちは注目しています。

「この先生は、本気で僕らの言うことを聞く気があるのかな。」

「この教師は、私たちの話をどこまで受け止めてくれるんだろうか。」

いつも、そんな気持ちで教師の聞く姿を見つめているのです。

教師は、子どもの言葉に耳を傾け、その目で子どもの様子を感じ取り、その心で全てを受け止めなければなりません。

聞くことは声だけを耳に入れることではないのです。

それが教師の「聞く」なのです。それがなければ、聞き合う学級へのスタートは切ることができません。

僕はそう思っています。

まず、教師から「聞くこと」をスタートしましょう。

おわりに

ＧＩＧＡスクール構想がコロナで一気に成立して、今では全国どこの学校にもタブレットが導入されています。

タブレットに課題を送って、子ども一人一人がその課題に取り組むというような姿が各地でみられるようになりました。個別最適化には、タブレットの力が有効なようです。

では、子ども一人一人が個別に自分の課題だけを追求して、教師や周りの子どもたちの声は聞かなくてもいいのでしょうか。もしそうならば、学校というものそのものが必要ないものになってしまいます。家にいてオンラインで全てすませれば良いのですから。

でも、それでは子ども一人一人がばらばらになってしまいます。

こんな時代だからこそ、学校で長年培ってきた協働の意識づくりが大切になるのではないでしょうか。

協働の意識づくりの基本は「聞くこと」です。

聞くこととは、相手の思いを読み取ることです。聞くことが子どもたちの中で成立しているクラスは、対話がきちんとでき、個々の子どもの思いをくみ取ることができ、クラスとして前向きに進んでいくムードが生まれます。

聞くことの複合語は数限りなくあります。「聞き取る」「聞き入れる」「聞き咎める」「聞き受ける」「聞き分ける」「聞きだす」「聞き交わす」……といったプラス面から、「聞きすごす」「聞き置く」「聞き洩らす」「聞きかじる」「聞き飽きる」「聞き流す」……といったマイナス面を表す言葉まで、さまざまです。

これは、「聞くこと」の複雑性を表しています。

聞くことは簡単ではないということなのです。

ですから、子どもたちに聞く力をつけようと思ったら、じっくりと取り組まねばなりません。数時間授業をしただけで、子どもたちの聞く力がぐんと上がった等と言うことはけっしてないのです。一年間を通して、意識して授業に臨み、日々の生活での取り組みをていねいにしていかなければ、子どもたちに「聞く力」などつけられるわけがありません。

実際、僕が現役の時も、新しい学年を担任した時、一学期にはほとんど聞く姿勢が見られないということが、よくありました。それでも、根気よく毎日毎時間の聞く指導を続けていくと、二学期の後半ぐらいから成果が出始めて、三学期には見違えるほど聴く姿勢が育っていきました。

本書にはその実践が細かく記されていますので、どうぞご活用ください。

聞くことに特化して年間指導に入った学校がいくつかあります。

「聞くことで指導に来てください。」

と頼まれたら、できる限り春休みの間に二時間以上の時間をいただいて、聞くことについての話をします。四月の最初から意識を持って取り組むことが「聞く力」を育てる上で重要だからです。

さらに、「聞く力」は、一本の研究授業のために何時間か指導しても効果は出ません。すべての学校活動において先生方がそろって意識を変えて取り組んでくださってこそ、大きな成果を得ることができるものなのです。

聞くことは全ての学校活動を豊かにして、子どもたちに大切な力をつけていきます。アクティブ・ラーニングであっても、一斉の指導であっても、同じように聞くことは重要なポイントなのです。何よりも、子どもたちの人生を豊かにできる基礎基本となることでしょう。

二〇二三年　春

♪『フラッシュ』（ジェフ・ベック）を聴きながら

多賀一郎

著者紹介

多賀一郎

教育アドバイザー。神戸大学附属住吉小学校を経て，私立小学校に長年勤務。専門は国語教育。元日本私立学校連合国語部全国委員長。全国の公私立校で授業や学級づくりの指導助言をしている。また，教師塾やセミナー等で，教師が育つ手助けをしている。さらに，絵本を通して心を育てることをライフワークとして，各地で読み聞かせの活動もしている。

著書『ヒドゥンカリキュラム入門』『大学では教えてくれない保護者対応』以上，明治図書。『小学生保護者の心得　学校と一緒に安心して子どもを育てる本』小学館。『一冊の本が学級を変える』『一冊の絵本が子どもを変える』『多賀一郎の荒れない教室の作り方』以上，黎明書房など多数。

共著編著『きれいごと抜きのインクルーシブ教育』（南恵介と）黎明書房。『問い続ける教師』（苫野一徳と）『女性教師の実践からこれからの教育を考える』『教師の育て方―大学の教師教育×学校の教師教育』（武田信子と）以上，学事出版。『小学 1～6 年の学級づくり＆授業づくり 12 か月の仕事術』（ロケットスタートシリーズ）明治図書など多数。

＊イラスト：伊東美貴

増補《ぞうほ》・改訂版《かいていばん》　全員《ぜんいん》を聞《き》く子《こ》どもにする教室《きょうしつ》の作《つく》り方《かた》

2023年 3 月 25 日 初版発行　著　者　多《た》賀《が》一《いち》郎《ろう》
発行者　武馬久仁裕
印　刷　株式会社 一誠社
製　本　協栄製本工業株式会社

発行所　株式会社 黎《れい》明《めい》書《しょ》房《ぼう》

〒460-0002　名古屋市中区丸の内3-6-27　EBSビル　☎052-962-3045
FAX052-951-9065　振替・00880-1-59001
〒101-0047　東京連絡所・千代田区内神田1-12-12　美土代ビル 6 階
☎03-3268-3470

落丁本・乱丁本はお取替します。　ISBN 978-4-654-02387-5